Werner Siemens
und der Schutz der Erfindungen

Von

Ludwig Fischer

Sonderabdruck aus
„Wissenschaftliche Veröffentlichungen aus dem
Siemens-Konzern", Bd. II

Berlin
Verlag von Julius Springer
1922

ISBN-13: 978-3-642-47162-9 e-ISBN-13: 978-3-642-47466-8
DOI: 10.1007/978-3-642-47466-8

Inhalt.

I. Kulturgeschichtliche Zusammenhänge.

Es weiß heute kaum jemand genauer, welchen Anteil Werner Siemens an der Begründung und Ausgestaltung des Erfindungsschutzes hat und welche kulturgeschichtliche Bedeutung dieser seiner Arbeit zukommt. Wohl weiß man, daß er einer von vielen war, die auch mit dabei waren, als es galt, ein Patentgesetz für das Deutsche Reich zu schaffen; wohl ist auch in Schriften zerstreut mancherlei darüber zu finden; aber der Zusammenhang fehlt. Das Bild, das man von Art und Umfang seines Wirkens aus allem bisher Veröffentlichten aufbauen könnte, ist ganz unzulänglich. Überall klaffen große Lücken, und der lebendige Fluß der Ereignisse tritt nicht hervor. Die Art seines Wirkens brachte es ja mit sich, daß er viel mehr hinter seiner Arbeit zurücktrat als es sonst wohl üblich ist. Auch seine Selbstlosigkeit und seine starke anderweitige Inanspruchnahme hinderten ihn, sich selbst mehr herauszustellen, als es für ihn nötig war, um sein Ziel zu erreichen.

Es hat bisher niemand versucht, die Entwicklung, die das Erfindungswesen Werner Siemens verdankt, zusammenhängend darzustellen. Es fehlt uns überhaupt noch eine brauchbare „Geschichte" des Erfindungswesens[1]). Das liegt daran, daß die Verhältnisse recht verwickelt und die Quellen zum Teil schwer zugänglich und wenig bekannt sind. Dazu kommt, daß nicht alle sich darüber klar sind, welche Bedeutung in Wirklichkeit das Patentwesen hat. Findet man doch weit und breit Anschauungen, die fast darauf hinauslaufen, daß die Patentgesetzgebung nur eine Angelegenheit der Erfinder sei. Solche Auffassungen werden unterstützt durch schiefe wissenschaftliche Lehren, die aus Mangel an lebendiger Anschauung die Wesensunterschiede zwischen dem Recht an Erfindungen und dem Urheberrecht nicht zu werten vermögen und die Patentgesetzgebung in erster Linie als einen Schutz natürlicher („moralischer") Ansprüche des Erfinders betrachten. Das Verdienst von Siemens bestand aber zum guten Teil gerade darin, daß er zeigte, wie für eine Patentgesetzgebung der Schutz der Erfindungen und der Erfinder niemals Selbstzweck, sondern nur Mittel zu einem höheren Zweck sein dürfe, und wie lediglich dieser höhere Zweck auch den Ausbau des Patentwesens zu bestimmen habe. Dadurch allein wurde vor einem halben Jahrhundert in schweren Kämpfen der Weg zu unserem Gesetz geebnet.

---

[1]) Müller, in seinem Buch „Die Entwicklung des Erfinderschutzes und seiner Gesetzgebung in Deutschland" (München 1898), der einzigen mir bekannten Sonderschrift über diese Frage, wird seiner Aufgabe wenig gerecht. Die Zusammenhänge treten bei ihm nicht hervor, und viele besonders wichtige Tatsachen erwähnt er nicht einmal. Den Namen Siemens nennt er nur ein einziges Mal nebenbei.

Heute nun möchte man das Patentwesen umgestalten. Man hat aber die Grundlagen vergessen, auf denen es beruht, und seine eigenartige Geschichte ist fast unbekannt. Es klafft wie damals ein Zwiespalt unter den Beteiligten, der unüberbrückbar scheint, und dieser Zwiespalt beruht wie damals fast allein darauf, daß man versucht, wesensfremde, einander widerstreitende Gedanken miteinander zu verquicken. Man wertet nicht die Lehren der Vergangenheit und nützt nicht die geschichtlichen Erfahrungen.

Man sieht das Patentwesen als ein selbständiges Etwas an. Das ist es aber nicht. Es bildet ein wichtiges Glied in der volkswirtschaftlichen Entwicklung der Völker, und von der deutschen Gesetzgebung gilt dies ganz besonders. Sie stellte einst der Welt ein Vorbild auf und verwirklichte einen neuen Gedanken, der allmählich immer mehr die Anerkennung anderer Völker gefunden hat. Es hat früher einmal viele Jahrzehnte lang gedauert und hat schwere Kämpfe gekostet, bis sich die Erkenntnis der wahren Bedeutung des Patentwesens soweit durchgerungen hatte, daß man fast einmütig zu klaren Grundlagen kam. Diese Erkenntnis darf nicht wieder verschüttet werden.

Um zu würdigen, worin die Leistung von Werner Siemens bestand und was sie für die Entwicklung der heutigen Kultur bedeutet, muß man etwas weiter ausholen, als es gewöhnlich geschieht. Der Erfindungsschutz ist nur das Endglied einer für das ganze Volksleben höchst bedeutsamen Umwälzung, deren Anfänge Jahrhunderte zurückreichen; an der fast alle Völker Europas beteiligt waren und die zu vielen und schweren Kämpfen Anlaß gab.

Es handelte sich bei diesem Geschehen um die Umstellung der ganzen Volkswirtschaft; um den Übergang vom Kleinhandwerk und der Einzelarbeit zur Arbeitsteilung, zum organisierten Großbetrieb und zur Massenherstellung; von der Menschenkraft zur Naturkraft und zur Maschine; von den erstarrten Formen des Mittelalters zu der freien fortschrittlichen Entwicklung der neuen Zeit; vom Zunftwesen zur Gewerbefreiheit; von den willkürlichen, lediglich Sonderinteressen dienenden Privilegien zum Erfindungsschutz, als einem der wichtigsten Mittel zur Förderung des technischen Fortschrittes. Es war eine gewaltige Wandlung, die sich da vollzog; kaum wird man ihr in der Weltgeschichte etwas Ähnliches zur Seite stellen können.

Erfinder waren früher nicht sehr beliebt. Im Mittelalter und auch später noch sah man in ihnen Zauberer, die unerlaubterweise mit übernatürlichen Kräften im Bunde standen, und das konnte das Leben kosten[1]). Die Zünfte aber sahen in ihnen böswillige Durchbrecher ihrer uralten Vorrechte, und das war nicht viel weniger gefährlich. Aberglaube und Eigennutz sind ein furchtbares Paar von Feinden.

Die naturwissenschaftliche und philosophische Aufklärung hatte wohl, besonders seit Beginn des 17. Jahrhunderts, viel dazu beigetragen, den Aberglauben zu überwinden, und Bacon von Verulam hatte schon 1620 in seinem Novum Organon gezeigt, wie die Wissenschaft zu betreiben sei, damit sie ihren Hauptzweck erfülle, nämlich zu neuen Erfindungen zu führen, die imstande sind, das Dasein der Menschen erträglicher zu gestalten. Aber die Zünfte bestanden noch überall und waren grundsätzliche Gegner jeder, selbst der kleinsten Neuerung. Und sie hatten die Macht dazu. Im 12. und 13. Jahrhundert hatten sie ihre volle Daseinsberechtigung im

[1]) Zaubereiprozesse gab es noch bis weit in die zweite Hälfte des 18. Jahrhunderts hinein.

Kampf gegen die Herabdrückung des Bürgertums in den Städten durch die Patrizier, im Kampf um die Gleichberechtigung und um die Selbständigkeit in allen gewerblichen Angelegenheiten. Als aber im Laufe des 14. Jahrhunderts dies Ziel im wesentlichen erreicht war, begann nach kurzer Blütezeit eine Entwicklung, die sie allmählich zu einem Zerrbild ihrer einstigen Größe und zu einer Brutstätte der Torheit und der Selbstsucht werden ließ. Diese unheilvolle Wandlung wurde noch dadurch begünstigt, daß sich in den folgenden Jahrhunderten die landesherrliche Macht und das Verwaltungswesen ganz und gar umgestaltete. Dadurch wurde den Zünften auch ihre frühere Bedeutung in der Stadtverwaltung fast ganz genommen. So richteten sie ihren Eifer auf anderes und verfielen auf die tollsten Dinge.

Schon seit dem Ausgang des Mittelalters werden darüber bittere Klagen geführt[1]). Von dem lächerlichen Zeremonienwesen, das oft in Roheit ausartete, können wir hier ganz schweigen. Es gab Schlimmeres. Engherzigste Selbstsucht und Vorurteile mannigfaltiger Art paarten sich mit Kastengeist und übermütigem Machtkitzel. Dies führte zu dauerndem Hader der Zünfte untereinander und mit den Behörden[2]), aber auch zu unerträglicher Bevormundung der Angehörigen der Zunft und damit zu vollkommener Versumpfung. Die Bevormundung erstreckte sich sowohl auf das äußere Leben als auf den Betrieb des Handwerks. Bis ins einzelne hinein war das Leben aller Zunftangehörigen geregelt. Nicht nur was und wie gearbeitet werden sollte, war genau vorgeschrieben, sogar das Werkzeug, das allein dazu benutzt werden durfte, war angegeben, und wer ein anderes, vielleicht gar besseres Werkzeug benutzte, verfiel schwerer Strafe. Jeder unterlag ständiger Überwachung. Diese Art von Gleichmacherei aller Zunftgenossen stärkte freilich die Minderwertigen im Daseinskampf, aber sie unterdrückte rücksichtslos alle Überwertigen. So wurde jeder kleinste Fortschritt unmöglich gemacht. Nur ein Beispiel für viele: Als Argand seine Lampe mit dem hohlen Runddocht erfand, mußte er sich mit vier verschiedenen Zünften herumschlagen, weil er zur Herstellung Werkzeuge benutzte, die den Zünften vorbehalten waren. Das war noch kurz vor der französischen Revolution, die wenigstens für Frankreich mit dem Zunftwesen aufräumte[3]).

Es ist begreiflich, daß bei so schweren Übelständen sich immer wieder Stimmen erhoben, die auf eine Änderung drangen. Aber die zu überwindenden Hemmungen waren riesengroß. Handelte es sich doch darum, eine viele Jahrhunderte alte Einrichtung zu beseitigen, und es fehlten alle Erfahrungen, wie es gehen könnte, wenn

---

[1]) vgl. Stieda, „Zunfthändel im 16. Jahrhundert“ in „Historisches Taschenbuch“, 6. Folge, 4. Jahrgang, S. 309 ff., besonders S. 351 ff. — Beispiele von Erfinderstrafen und Werkzeugverboten aus jener Zeit siehe bei Stockbauer, „Nürnbergisches Handwerksrecht des 16. Jahrhunderts“, 1879, S. 39, 41.

[2]) Nach einer Angabe von Renouard hat Costaz in einer 1821 erschienenen Abhandlung über das französische Zunftwesen die jährlichen Prozeßkosten allein der Pariser Zünfte auf 800 000 Fr. geschätzt. (Renouard, Traité des Brevets ... 1825, S. 100.)

[3]) Dies und andere Beispiele bei Renouard „Traité des Brevets d'Invention, de Perfectionnement et d'Importation“, Paris 1825, S. 105 ff. Renouard gibt in diesem Buch S. 56—124 eine kurze Geschichte des französischen Zunftwesens. Er gibt S. 117 einen Auszug aus einem Gutachten des späteren Ministers Roland de la Platière vom 11. Juni 1778, der aus eigener Wahrnehmung über die sinnlosesten Barbareien berichtet. — Über die Zustände in Deutschland um 1800 siehe Rohrscheidt, „Vom Zunftzwang zur Gewerbefreiheit“, 1898. Zur geschichtlichen Entwicklung siehe Stahl, „Das deutsche Handwerk“, 1874. Vgl. auch L. Brentano, „Das Arbeitsverhältnis gemäß dem heutigen Recht“, 1877, I. Buch. Was sich aus allen Quellen übereinstimmend ergibt, ist ein Bild menschlichen Wahns, das Ebenbürtiges nur wiederfindet in Erscheinungen wie Inquisition, Folter, Hexenprozessen.

man einschneidende Änderungen vornähme. Man fürchtete gewaltige Störungen und Unruhen und war auch im Zweifel, ob es auf anderem Wege wirklich besser ginge. Versuche, die hier und da gemacht wurden, schlugen fehl.

Einer der bekanntesten Vorkämpfer der vollen Gewerbefreiheit war Adam Smith. In seinem 1776 erschienenen Buch über Wesen und Ursache des Volkswohlstandes [1]) lehrt er, alle Menschen seien von Natur gleich. Jeder habe ein natürliches Recht, über die Früchte seiner Arbeit zu verfügen, und ferner habe jeder das Recht, arbeiten zu lassen, bei wem er wolle [2]). Der Eigennutz sei die Triebfeder alles menschlichen Handelns. Das größtmögliche Wohlergehen werde am vollkommensten erreicht durch Freiheit. Man solle daher die gesamte wirtschaftliche Gesetzgebung beseitigen und dadurch die natürlichen wirtschaftlichen Gesetze zur Wirkung kommen lassen. Da er sich auf Erfahrung stützte, wirkten seine Lehren überzeugender als die ähnlichen Lehren französischer Theoretiker, und Smith war jahrzehntelang Mode. Aber sein einseitiger Individualismus hatte doch zu wenig gestaltende und treibende Kraft. Eine allgemeine philosophische Idee hätte auch überhaupt nicht den Wandel herbeiführen und die ungeheure träge Masse in Bewegung bringen können, wenn nicht die ganzen wirtschaftlichen Verhältnisse sich bis in die Wurzeln geändert hätten und neue, greifbare Werte in den Gesichtskreis der Menschheit getreten wären, die es allmählich jedermann vor Augen führten, daß das Zunftwesen ausgespielt habe und unbedingt verschwinden müsse.

Der Geist der neuen Zeit war es, der an den durch die Jahrhunderte geheiligten Pforten rüttelte, hinter denen sich die Zunftmeister mit ihren Rechten verschanzten. Dampf und Elektrizität boten sich der Menschheit als willigere Diener an. Der Erfinder meldete sich. James Watt und Werner Siemens waren es, die schließlich die Pforten sprengten.

Die Welt vom Banne der Zünfte und Privilegien zu befreien und gleichzeitig zum Schutz der Erfindungen, zu Erfindungsprivilegien und Patenten überzugehen, das schien einen Widerspruch in sich zu schließen, und so ist das Verhältnis früher auch oft aufgefaßt worden. Aber dennoch waren die beiden Vorgänge geschichtlich immer aufs engste miteinander verknüpft, und die Verknüpfung rechtfertigt sich auch aus inneren Gründen. Gewerbefreiheit und Erfindungsschutz gehören zusammen; sie ergänzen sich und bilden ein volkswirtschaftliches Ganzes [3]).

Die geschichtliche Entwicklung läßt dies Zusammengehen deutlich erkennen. Sie vollzog sich in drei Hauptstufen. In England fing es vor nunmehr 300 Jahren an. Der Erfindergeist war dort besonders rege, und die Privilegienwirtschaft hatte sich als sehr störend für die Weiterentwicklung erwiesen. Männer wie Bacon waren daher schon 1601 im Parlament dafür eingetreten, daß Privilegien in erster Linie

---

1) Von deutschen Ausgaben sei z. B. die Stöpelsche Übersetzung erwähnt: „Adam Smith, Untersuchungen über das Wesen und die Ursachen des Volkswohlstandes", 2. Aufl. von Prager, 1905 (vier Bände).

2) vgl. z. B. l. c. I, S. 170.

3) Die Doppelnatur des Rechts, das dem Erfinder gewährt werden soll, gab vielfach zu Verwirrung Anlaß. Als Ausführungs-Recht durchbricht der Erfinderschutz den Zunftzwang; als Verbietungs-Recht durchbricht er die Gewerbefreiheit. Die Erfindungsschutzbewegung hatte deshalb nach zwei Seiten zu kämpfen und ihr Daseinsrecht zu erweisen.

für neue Erfindungen erteilt werden sollten[1]). 1620 erschien das bereits oben erwähnte Werk Bacons, das die Bedeutung der Erfindertätigkeit für die Menschheit in das richtige Licht rückte, zum Erfinden anregte und Methoden entwickelte, wie das wissenschaftliche Erkennen und das Erfinden gleichzeitig zu fördern seien. Als es dann im Jahre 1623 zu dem berühmten „Statut“ kam, das endgültig die Privilegien und Monopole abschaffte, wurde ausdrücklich eine Ausnahme gemacht für Erfindungsprivilegien. Es sollte künftig dem wahren und ersten Erfinder einer neuen Herstellungsweise für eine beschränkte Zeit das alleinige Ausführungsrecht gegeben werden dürfen[2]). Der Gedanke war dabei der, daß der Erfinder der Lehrherr der Nation sei, die Nation also gewissermaßen in einem Lehrlingsverhältnis zu ihm stände. Damals spielte das Lehrlingsgesetz eine besonders große Rolle, wonach der Lehrling 7 Jahre zu lernen hatte[3]). Mit Vorliebe wurde deshalb auch die Dauer des Erfindungsprivilegs auf 7 Jahre oder ein Vielfaches davon festgesetzt.

Der Erfindungsschutz hatte in England reinen Privilegiencharakter, insofern die Gewährung grundsätzlich von dem Gutdünken der Krone abhängig blieb. Dennoch hat das Vorgehen Englands zweifellos viel zu seinem wirtschaftlichen Aufschwung beigetragen und hat jahrhundertelang als Vorbild für die ganze Welt gewirkt.

Eine zweite Stufe der Entwicklung zur Gewerbefreiheit und gleichzeitig zum Erfindungsschutz wurde eingeleitet durch das Auftreten eines Erfinders, gegenüber dessen Leistungen alles verschwand, was seit der Erfindung der Buchdruckerkunst Neues hervorgebracht worden war. Es war James Watt, der seit etwa 1765 an der Vervollkommnung der Dampfmaschine arbeitete. Bis dahin kannte man die Dampfmaschine nur als ein schwerfälliges, ganz und gar unwirtschaftliches Ungetüm, das nur in Bergwerksanlagen allenfalls Verwendung finden konnte. Watt machte daraus ein wirklich für die Industrie brauchbares Hilfsmittel, das die Menschen- und tierischen Kräfte ersetzte und berufen war, eine vollkommene Umwälzung der Industrie herbeizuführen. Überall in der Welt horchte man auf, als die Kunde von den wunderbaren Leistungen sich verbreitete. Man sah einen uralten Traum der Menschheit verwirklicht. Das wirkte überzeugender für die Beseitigung des Zunftzwanges, als alles Philosophieren über allgemeine Menschenrechte. Die Bedeutung aller Theorie kann in solchen Fragen des Lebens nur darin liegen, daß sie den scharfen Ausdruck für das findet, was zuvor auf anderem Wege durch die Erfahrung offenbar

[1]) „The Parliamentary or Constitutional History of England“, Sec. Ed. Vol. IV, London 1763, S. 454; ferner „The Parliamentary History of England“, London 1806, Vol. I, S. 925. — Am 20. Nov. 1601 war eine große Debatte über ein Gesetz gegen die Monopole. Bacon als Vertreter der Königin war in einer schwierigen Lage und führte als Hauptbeispiel für berechtigte Monopole den Fall der neuen Erfindungen an und gab diesem Fall soviel Nachdruck und verlieh ihm einen so sorgfältig abgegrenzten Ausdruck, daß er damit wohl wesentlich zur richtigen Fassung des Gedankens des späteren Patent-„Statuts“ von 1623 beigetragen hat. — Der nämliche Gedanke spielte dann auch in dem berühmten Prozeß Darcy vers. Allin eine Rolle (1602), insofern hier Allins Verteidiger mit Erfolg geltend machte, daß der von Bacon gekennzeichnete Fall der einzige sei, in dem ein Monopolpatent berechtigt sei (vgl. Price, „The English Patents of Monopoly“, 1906, S. 24). — Damme vermutet, daß Bacon nicht der Urheber des Gedankens der Vollberechtigung von Erfindungsmonopolen sei, sondern nur ausgesprochen habe, was schon allgemeine Meinung war (in Schmollers Jahrbuch 1907, S. 981, 996). Mir scheint diese Annahme nicht ausreichend begründet. Bacon war ein großer Geist, der wohl damals schon mehr als irgendeiner seiner Zeit über die Bedeutung des Erfindungswesens nachgedacht hat; aber er war bekanntlich ein schwacher Charakter. Das erklärt vielleicht besser auch das, was Damme l. c. S. 999 anführt.

[2]) Art. 6 des Statuts. Dieser Artikel bildet noch heute eine Grundlage der englischen Gesetzgebung.

[3]) Vgl. z. B. Adam Smith l. c. S. 168 ff. Dieses Gesetz erwies sich als ein wesentliches Hindernis für die volle Entwicklung der Gewerbefreiheit. Es wurde erst 1814 beseitigt.

wurde. Das aber hat in diesem Fall der Erfinder durch seine Leistungen zuwege gebracht.

So kam es, daß zunächst die obenerwähnten, wenn auch nicht in jeder Hinsicht zutreffenden Lehren Smiths überall starken Widerhall fanden. In Frankreich wurde schon 1776 von dem Minister Turgot ein Edikt erlassen, das im Sinne der Lehren Smiths und der französischen Physiokraten die volle Gewerbefreiheit herzustellen suchte und die Beseitigung der Zünfte mit der durch die allgemeinen Menschenrechte begründeten Freiheit und gleichzeitig mit der schädlichen Beeinträchtigung der Erfinder durch das Zunftwesen begründete[1]). Aber den treibenden Kräften standen ungeheure Hemmungen entgegen. Es war nicht möglich, die tief in dem gesamten Leben des Volkes verwurzelten, Jahrhunderte alten Zustände mit einem Schlage zu beseitigen. Die Technik war auch noch zu wenig entwickelt, als daß man sich überall sicher genug gefühlt hätte, um sich vorzustellen, wie es nun weitergehen sollte. Es begann ein Sturmlauf gegen das Edikt, dem Turgot schon nach 2 Monaten zum Opfer fiel. Sein Nachfolger Clugny beeilte sich, den alten Zustand durch mehrere neue Edikte wieder herzustellen[2]). Die Revolution fegte dann im August 1789 in einer einzigen Nacht mit allen sonstigen Vorrechten zusammen auch den Zunftzwang weg, nachdem schwere Stürme die Fesseln der durch schlechte Regierungskunst ganz in den Sumpf geratenen alten Gesellschaftsordnung gelockert, die Geister gleichgerichtet und die Menge zum Bewußtsein ihrer Macht gebracht hatte.

Aber nun ist das, was bald darauf geschah, besonders kennzeichnend dafür, wie tief sich inzwischen in allen Gemütern der Gedanke an die Erfinder und an ihre Bedeutung für das Leben der Völker festgesetzt hatte. Die Nationalversammlung, die so einseitig auf restlose Beseitigung aller Vorrechte und auf vollkommene Freiheit und Gleichheit für jeden eingestellt war, entschloß sich schon im Jahre 1790 zu einem Patentgesetz, das dem Erfinder eine Ausnahmestellung einräumte. Allerdings war das von dem geschickten Boufflers dadurch erkauft worden, daß er den Begriff des „geistigen Eigentums" einführte[3]), um den Riß, der damit in den neuen Lehren entstanden zu sein schien, einigermaßen zu verkleben. In Wirklichkeit freilich wurde diese Theorie wesentlich ergänzt durch volkswirtschaftliche Erwägungen, die sich durch die neuesten Erfahrungen in England jedem aufdrängten, und die offensichtlich für die Gestaltung des Gesetzes in vielen Einzelheiten maßgebend waren. Was damals vorging, ist sehr lehrreich, und wir müssen etwas näher darauf eingehen[4]).

Den Anlaß zu dem Gesetzentwurf hatte eine Eingabe von Erfindern bei dem Regierungsausschuß für Landwirtschaft und Handel gegeben, worin angeregt wurde, ein Patentgesetz ähnlich dem englischen zu schaffen. Boufflers erhielt vom Ausschuß den Auftrag, die Frage zu bearbeiten. Er übergab Mitte Dezember 1790 der

---

[1]) Wiedergegeben bei Renouard, „Traité des Brevets d'Invention de Perfectionnement et d'Importation", Paris 1825, S. 110ff.

[2]) Vgl. Häussers Geschichte der französischen Revolution 1891, S. 59f.

[3]) Die Entwicklungsgeschichte des Begriffs des geistigen Eigentums führt auf zwei Wurzeln. Die eine geht von den Erfindungen aus, ist besonders eng verknüpft mit der Erfindung der Dampfmaschine und führt über die Erfinderprivilegien zu den Patenten; die andere Wurzel geht von den Werken der Schriftsteller aus, ist ebenfalls eng verknüpft mit einer Erfindung: der Buchdruckerkunst, und führt über die Verlegerprivilegien zum heutigen Urheberrecht. In dem Sturm und Drang der französischen Revolution wurde für beide das Schlagwort vom „Eigentum" geprägt.

[4]) Das ausführliche Material über die damalige französische Patentgesetzgebung findet sich in der amtlichen franz. Veröffentlichung „Description des Machines et Procédés . . .", Bd. I (1811).

Nationalversammlung einen Entwurf und erstattete am 30. Dezember nachmittags seinen Bericht dazu. Darin hieß es: „S'il existe pour un homme une veritable propriété, c'est sa pensée[1].“ „L'invention ... est la source ... de la propriété: elle est la propriété primitive, toutes les autres ne sont que des conventions[2].“ Erfindungen seien „une véritable concession de la nature“, während alles andere Eigentum nur „des concessions de la société“ seien[3]. Im Gesetzentwurf hieß es demgemäß: „Toute découverte ou nouvelle invention ... est la propriété de son auteur[4].“ Die Nationalversammlung nahm ohne lange Erörterung in derselben Sitzung das Gesetz an und begründete es mit den Worten: „ce serait attaquer les droits de l'homme dans leur essence que de ne pas regarder une découverte industrielle comme la propriété de son auteur[5].“ So war das Gesetz auch den Jakobinern schmackhaft geworden. Am 7. Januar 1791 wurde es in Kraft gesetzt.

Aber sofort erhoben sich schwere Bedenken. Die Versammlung sei überrumpelt worden; der Grundgedanke des „Eigentums“ sei ganz unklar. Das Gesetz stehe im Widerspruch zur Freiheit. Man wies auf den Unterschied zwischen Idee und Durchführung hin und auf die Gefahren, die in der Leichtigkeit der Patenterwerbung liegen, da man ja ohne Prüfung und Widerspruch alles schütze. Boufflers verteidigte sich und das Gesetz[6]. Er hatte schon in seinem ersten Bericht das Verhältnis zwischen dem Erfinder und der Gesellschaft als einen Vertrag hingestellt. Jetzt tat er es noch schärfer und hob überhaupt die volkswirtschaftliche Seite stärker hervor[7]. Gewisse Schwierigkeiten müsse man in Kauf nehmen; eine amtliche Prüfung der Erfindungen sei ein Unding.

Als dann Ausführungsbestimmungen erlassen werden sollten, stieß man auf die Schwierigkeiten, die sich aus der gegenseitigen Abgrenzung der Rechte mehrerer Erfinder verwandter Erfindungen ergaben. Man sah sie als so groß an, daß das ganze Gesetz dadurch gefährdet wurde. Eine neugegründete „Gesellschaft für Erfindungen und Entdeckungen“ suchte in einer Eingabe vom 2. April unter Hinweis auf englische Erfahrungen die Hemmnisse zu beseitigen[8], und es kam denn auch noch im Mai zu einem ergänzenden Gesetz, in dem das Verfahren im einzelnen geregelt wurde[9]. Ende Juli wurden die ersten Patentanmeldungen eingereicht[10].

Indessen, die ganze Schiefheit der zugrunde liegenden Anschauungsweise ließ sich nicht auf die Dauer verdecken. Die große Bedeutung dieses Gesetzes lag darin, daß hier zum ersten Male der Erfindungsschutz nicht als Gnadenakt, sondern als Rechtsanspruch auftrat. Aber der leitende Grundgedanke war verkehrt und darüber kam man nicht weg. Es wurde zum Beispiel öfter auch der Einwand erhoben: Wenn es sich bei diesem Gesetz wirklich darum handelt, das Eigentumsrecht an der Erfindung als höchstes Menschenrecht zu schützen, warum schützt man alsdann

[1]) l. c. S. 8. [2]) l. c. S. 8f. [3]) l. c. S. 9.

[4]) l. c. S. 29. [5]) l. c. S. 28. [6]) l. c. S. 57ff.

[7]) Die Gesellschaft gewährleiste dem Erfinder das alleinige Ausführungsrecht auf beschränkte Zeit; der Erfinder gebe dafür der Gesellschaft für später das Recht auf ewig. — Als volkswirtschaftliches Ziel des Gesetzes gab er schon früher an: „de vivifier ou pour mieux dire de ressusciter l'industrie française“ (l. c. S. 7).

[8]) l. c. S. 75ff. [9]) l. c. S. 45ff.

[10]) Näheres in „Description des machines ...“, l. c. S. 129ff. Es ist bezeichnend für die damalige Auffassung von „Erfindung“ und für die Bedürfnisse jener Zeit, daß im ersten Jahr der Erteilung von Patenten etwa 40% aller Anmeldungen sich auf Finanzpläne bezogen. Im Sept. 1792 wurden alle solche Patente für ungültig erklärt.

nicht nur nicht alle diejenigen, sondern entrechtet sie geradezu, die später als der Anmelder, aber doch ganz aus eigener Kraft selbständig die gleiche Erfindung machen? Schon in einer Art amtlichem Kommentar, der mit Boufflers Bericht vom 30. Dezember 1790 zusammen veröffentlicht wurde[1]), gab man darauf notgedrungen den ganzen Grundgedanken preis: Der Zweck des ganzen Gesetzes sei ja gar nicht der, die Erfinder in ihren Rechten zu schützen und sie zu bereichern, sondern der Gesellschaft die Erfindung zuzuführen. Wenn das einmal geschehen, dann seien ihr die Ansprüche anderer Erfinder gleichgültig: „Le but de la société n'est pas d'enrichir l'inventeur mais de s'enrichir de l'invention[2])," oder mit anderen Worten: Wenn die Gesellschaft ihren selbstsüchtigen Zweck erreicht hat, so schützt sie die anderen an sich ganz gleichberechtigten nicht nur nicht, sondern nimmt ihnen, was sie aus eigener Kraft besitzen, um es dem Einen zu geben! — Und das auszusprechen, war man schon gleich bei der ersten amtlichen Veröffentlichung des Boufflerschen Berichtes genötigt! Das war deutlich. Das war der schon durch Boufflers' ersten Bericht vorbereitete, nun in unverhüllter Form hervortretende, der Theorie der allgemeinen Menschenrechte in ihrer schroff individualistischen Fassung geraden Wegs zuwiderlaufende volkswirtschaftliche Standpunkt.

Das Gesetz war nun wohl da, aber die Sache kam nicht zur Ruhe. Nach einigen Jahren entschloß man sich zu einer Revision des Gesetzes. Eude erstattete im Namen eines Sonderausschusses im Pluviose des Jahres VI (also Anfang Februar 1798) dem Rat der Fünfhundert Bericht, verteidigte Vieles gegen Angriffe und schlug auch einige Änderungen vor — so vor allem Vorprüfung[3]). Bailleul erwiderte ihm. Es kam zu keiner wesentlichen Änderung. Im Messidor des Jahres VIII holte das Ministerium des Innern ein Sachverständigengutachten ein. Unter anderem stand auch zur Prüfung, ob man nicht doch die Erfindungen irgendwie werten müsse. Das wurde aber unter Berufung auf Boufflers' frühere Verteidigung verneint[4]). — So blieb schließlich alles beim alten.

Die Unhaltbarkeit der Eigentumstheorie als Grundlage für die Gesetzgebung führte erst 1844 zu einer durchgreifenden Änderung des französischen Gesetzes[5]). Die einmal in so starkem suggestiven Zusammenhang in die Welt gesandten falschen Vorstellungen aber spukten jahrzehntelang in vielen Köpfen. Der Belgier Jobard machte ein Vierteljahrhundert lang großen Lärm damit und brachte durch hundert-

[1]) Die Veröffentlichung war bezeichnet als „Imprimé par ordre de l'Assemblée Nationale 1791". [2]) l. c. S. 44.

[3]) Bericht abgedruckt in „Description..." l. c. S. 91 ff. — Nach einer nicht belegten Behauptung Renouard's „Traité des Brevets" (l. c. S. 160f.) soll Eude in einem zweiten Bericht den ersten widerrufen haben. Die amtliche Veröffentlichung und andere Material-Sammlungen aus dem ersten Viertel des vorigen Jahrhunderts enthalten jedoch darüber nichts.

[4]) l. c. S. 116.

[5]) Die von Dupin 1843 gegebene theoretische Begründung ist wiedergegeben bei Couhin, „La propriété Industrielle...", Bd. I, 1894, S. XXV ff.: Von einem natürlichen Eigentumsrecht des Erfinders könne nur in ganz beschränktem Sinne die Rede sein. Für die Ausgestaltung des Gesetzes spiele es jedenfalls nur eine untergeordnete Rolle. Insbesondere das Verbietungsrecht, das der Erfinder durch das Gesetz erhalte, sei kein natürliches, sondern ein konstruiertes privilegienartiges Recht, das durch eine Art Vertrag zwischen der Gesellschaft und dem Erfinder über die Bekanntgabe der Erfindung zustande komme. — Schon Renouard hatte sich bemüht, den Eigentumsbegriff in ähnlichem Sinn auf eine engere Grundlage zu stellen. (Renouard, „Traité des Brevets...", 1825, l. c. S. 11—56, insbes. S. 33 ff.) — Dubouchage hatte 1843 in der französischen Kammer das Wort vom „geistigen Eigentum" als ein treffliches Schlagwort empfohlen, das aber den Kern der Sache nicht treffe (nach einer Angabe von Pilenko, „Das Recht des Erfinders", 1907, S. 604).

fältige Wiederholung seiner z. T. ganz verstiegenen Anschauungen bei vielen die Wirkung hervor, daß sie alles für bare Münze nahmen. Vielen anderen aber kam die Unhaltbarkeit des Eigentumsgedankens durch die Übertreibung der Behauptungen nach Form und Inhalt nur um so stärker zum Bewußtsein [1]). Die, bei denen der Eigentumsgedanke Wurzel schlug, verfielen auf Maßnahmen, wie wir sie in der unglücklichen alten preußischen Patentgesetzgebung kennen lernen werden. Diejenigen aber, denen die Unhaltbarkeit des Gedankens aufgegangen war, hatten leichtes Spiel, ihn zu bekämpfen, und da ihnen vielfach die ausreichende Erfahrung fehlte, um die Möglichkeit anderer Begründung und zweckmäßigerer Durchführung des Patentwesens zu erkennen, so waren sie meist scharfe Gegner jeglichen Patentgesetzes. Dies hemmte auch die ganze Weiterentwicklung der Frage in Deutschland.

Deutschland war in der ersten Hälfte des vorigen Jahrhunderts ein recht unfruchtbarer Boden für die Entwicklung der Gewerbefreiheit und des Erfindungswesens. Mangel an Erfahrung machte die leitenden Geister unsicher, Kriegsereignisse und Zerrissenheit lähmten die Entschlußkraft.

In Preußen ging man von etwa 1800 ab vorsichtig tastend vor. Man erteilte hier und da ein Erfindungspatent, zunächst ohne feste Regeln, als Gnadenakt [2]). Es entwickelten sich gewisse Normen für deren Gewährung. Sie lagen ganz im Fahrwasser der französischen Eigentumstheorie und waren in erster Linie auf die Interessen der Erfinder eingestellt. Vor allem gab man dem Erfinder das Recht der Geheimhaltung seiner Erfindung; — ganz nach französischem Vorbild, das diese Geheimhaltung als „natürliches Recht“ dem Erfinder zugestand. Aber im Gegensatz zum französischen Recht prüfte man jede angemeldete Erfindung auf Neuheit und Wert und bestimmte danach die Patentdauer nach freiem Ermessen. Hierin sah man das Mittel, um auch die Interessen der Gesamtheit in der Praxis wenigstens bis zu gewissem Grade zu wahren, nämlich dadurch, daß man die den Erfindern zu gewährenden Rechte weitgehend beschnitt.

Die Normen für die Patentierung wurden 1815 genauer festgelegt, aber zu einer eigentlichen gesetzlichen Regelung kam es nicht, und man war vielfach in Sorge darüber, ob man überhaupt diesen Weg weitergehen sollte. Das Beispiel Frankreichs mit seinen scharfen Übertreibungen konnte nicht recht überzeugen. In Deutschland selbst lag um jene Zeit und noch lange danach die Industrie schwer darnieder. Es war die Zeit der Befreiungskriege. So kam die ganze Entwicklung ins Stocken.

Ähnliche Unsicherheit zeigte sich auch auf dem mit dem Erfindungsschutz eng zusammenhängenden Gebiet der Gewerbefreiheit. Man ging tastend vor. Unter Stein und Hardenberg schaffte man zunächst für einige bestimmte Gewerbe den Zunft

[1]) Von etwa 1830 bis 1850 veröffentlichte Jobard fast ein halbes Hundert Schriften über die Frage. Er kämpfte gegen die allgemeine Gewerbefreiheit und wollte die gesamte Arbeit gesetzlich organisieren. Das gesetzlich geregelte „geistige Eigentum“ nannte er „Monautopol“. Eigentlich sollte jedes Schutzrecht ewig dauern. Er kam aber den Gegnern weit entgegen und begnügte sich mit 90 Jahren. Schließlich ging er auf 30 Jahre, ein Menschenalter, zurück, vgl. z. B. Jobard, „Le Monautopole . . .“, 1845, S. 29. Aus demselben Jahre stammen noch seine Schriften „Privilège industriel pour organiser l'industrie et le commerce et donner du travail aux ouvriers“, ferner „Des marques d'origine obligatoires . . .“. Manches Beachtenswerte bringt auch seine Schrift aus 1843: „Création de la propriété intellectuelle . . .“ Ein Urteil von unberechtigter Härte fällte über ihn Pilenko, der ihn stellenweise mißverstanden hat („Das Recht des Erfinders“, 1907, S. 94).

[2]) Einige Angaben über solche älteste Patente bei Müller, „Die Entwicklung des Erfindungsschutzes und seiner Gesetzgebung in Deutschland“ (1898) S. 7.

zwang ab. Dann wurde in einem Gewerbesteuergesetz vom 2. November 1810 nebenbei der Grundsatz der allgemeinen Gewerbefreiheit ausgesprochen. Im folgenden Jahr, am 7. September 1811, kam dann ein Gewerbepolizeigesetz heraus, das die Verhältnisse genauer regelte[1]). Die Zünfte bestanden als freie Vereinigungen weiter. Man war in den maßgebenden Kreisen noch keineswegs ganz von der neuen Ordnung überzeugt. Sogar Stein selbst hat sich noch 1821 und 1822 gegen die freiheitliche Bewegung auf gewerblichem Gebiet ausgesprochen[2]). Die Vorschriften über Erfinderschutz aus 1815 wurden erst 1845 durch die allgemeine Gewerbeordnung gesetzlich bestätigt.

Da man sich weder auf dem Gebiet der Gewerbefreiheit noch auf dem des Erfindungsschutzes auskannte, so verkannte man auch zumeist die engen Beziehungen, die zwischen beiden bestanden. Vielfach glaubte man geradezu, daß Erfindungspatente mit Gewerbefreiheit unvereinbar seien. War man doch in dem einen Punkte allseitig einig, daß alle „Privilegien" auszurotten seien; und Patente schienen in ihrer nackten Wirklichkeit nichts wesentlich anderes zu sein als Privilegien. Die in Frankreich erfundene Begriffskonstruktion des „geistigen Eigentums" wollte in Anbetracht des für die Anwendung doch etwas ungeeigneten Gegenstandes und wegen des Widerspruches zwischen der abstrakten Lehre und den praktischen Notwendigkeiten des Lebens nicht recht Boden fassen. Unter dem Gesichtswinkel eines in erster Linie zugunsten des Erfinders geschaffenen Sonderrechts, und insbesondere losgelöst von dem damals noch wenig erforschten Boden der volkswirtschaftlichen Triebkräfte, war der Erfindungsschutz allen Angriffen ziemlich wehrlos preisgegeben. Den dürftigen Gedanken, die zur Verteidigung in den Vordergrund gerückt wurden, konnte man leicht tausend Einwände entgegenstellen, die zum Teil recht schweres Gewicht hatten. Die Versuche, die Theorie den praktischen Forderungen besser anzupassen, waren zur Unfruchtbarkeit verdammt, solange sie nicht durch ausreichende Erfahrung getragen waren. Auch die damals viel erörterte Belohnungstheorie für Erfindungen führte eher zu Vorschlägen wie dem: statt alle außer dem Erfinder von der Benutzung auszuschließen, solle der Staat lieber wertvolle Erfindungen ankaufen, um sie der Allgemeinheit preiszugeben. Zu alledem kam die Zerrissenheit Deutschlands und damit die Frage, ob überhaupt ein Erfindungsschutz Wert haben könne, solange man nicht zu einem allgemeinen einheitlichen deutschen Recht komme.

Unter diesem Zwiespalt hatte das ganze Vorgehen zu leiden und das, was geschah, blieb nur eine Halbheit. Man war in Regierungskreisen gegen den Erfinderschutz eingenommen; die preußische Patentkommission insbesondere prüfte die Anträge äußerst scharf, wies die meisten Anträge ganz ab und beschränkte die Rechte oft in ganz unnötiger Weise[3]). Stolle, ein eifriger Verteidiger des Rechtsanspruches auf Erfindungspatente, drückte sich in einer hinterlassenen Notiz darüber sehr kräftig aus: „Die Patentkommission in Preußen sitzt über die Schutz nachsuchenden Geisteskinder zu Gericht, wie in den dunkeln Zeiten des Mittelalters das mysteriöse Femgericht. — Das Urteil wird insgeheim gesprochen, kein Widerspruch geduldet und der Verurteilte beiseite geschafft, ohne daß irgendwer Kunde davon erlange.

[1]) Die Gesetze, Verordnungen usw., die sich auf den Übergang Preußens zur Gewerbefreiheit beziehen, gibt ausführlich Rohrscheidt, „Vom Zunftzwang zur Gewerbefreiheit" 1898.

[2]) Vgl. Rohrscheidt, l. c. S. 197ff.

[3]) Zwei besonders oft angeführte Beispiele zurückgewiesener Patentanmeldungen waren: Siemens' Regenerativofen und Bessemers Stahlbereitungsverfahren (vgl. z. B. „Bericht der 7. Kommission des Reichstags" 1877).

Dabei sind preußische Patente nicht um ein Haar besser als jenes ‚sichere Geleit', welches Kaiser Sigismund für den Neuerer Huß ausstellen ließ!"[1])

Wie wenig man den Kernpunkt der ganzen Frage damals erfaßt hatte, geht am besten daraus hervor, daß man bis 1877 in Preußen die patentierte Erfindung nicht veröffentlichte und die Unterlagen der Anmeldung nur auf äußerst umständlichem Wege zugänglich machte. Man hatte also die volkswirtschaftliche Bedeutung der Veröffentlichung überhaupt noch nicht geahnt, die später von Siemens zum Schwerpunkt der ganzen Frage gemacht wurde. Durch die, lediglich dem Interesse des Erfinders dienende Geheimhaltung wurde nicht nur der Hauptnutzen des Erfindungsschutzes, nämlich die Anregung und Belehrung der Allgemeinheit, unterdrückt, es wurde auch Unklarheit, Rechtsunsicherheit und allgemeine Unzufriedenheit erzeugt. Noch einen anderen wichtigen Fehler des preußischen Verfahrens haben wir schon oben berührt: die Dauer der Patente war meist sehr kurz und ganz nach Gutdünken bemessen. Durch alles dies wurden auch die Erfinder selbst eher abgeschreckt, als gefördert. In den ersten 25 Jahren nach dem Erlaß der Vorschriften über Anmeldung und Erteilung von Patenten (1815) wurden insgesamt nicht viel mehr als 400 Patente in Preußen erteilt. Von 1840 bis 1872 schwankte die jährliche Zahl der Erteilungen zwischen rund 50 und 100[2]), (1869 waren es 53, 1872 waren es 56, im Kriegsjahr 1871 nur 36).

In anderen deutschen Staaten war es ähnlich wie in Preußen. Bayern, Sachsen, Württemberg, Baden, Hannover und Hessen hatten schon frühzeitig eine gewisse Regelung des Erfindungsschutzes versucht, andere Staaten folgten nach, und um das Jahr 1860 wurden in sechsundzwanzig deutschen Staaten Patente erteilt. Nach Gründung des Deutschen Reiches waren es immer noch 21 Staaten, mit denen man verhandeln mußte, wenn man für das ganze Reich einen Schutz haben wollte[3]).

Kennzeichnend ist, daß der Schutz in den Staaten, die noch keine Gewerbefreiheit hatten, zum Teil nur darin bestand, daß der Erfinder vom Zunftzwang ausgenommen wurde, soweit es sich um die Ausführung seiner Erfindung handelte. Er bekam also nur eine Erlaubnis, überhaupt zu arbeiten, aber kein Verbietungsrecht. Einfuhr konnte er daher auch gar nicht hindern. Die meisten deutschen Staaten kamen erst in dem Jahrzehnt von 1860 bis 1870 überhaupt vom Zunftzwang los, und sogar in Preußen bestand — trotz der Gewerbeordnung von 1845 — lange Zeit die Neigung, ihn wieder einzuführen[4]).

Die Hemmungen zu überwinden, die der gesunden Fortentwicklung im Wege standen, und insbesondere den Gedanken eines „geistigen Eigentums" als Gesetzgebungsmotiv endgültig auszuschalten und so die Bahn für eine der Allgemeinheit ersprießliche, anderweitige Regelung des Erfindungsschutzes frei zu machen, das war hauptsächlich das Werk von Werner Siemens. Mit ihm begann die dritte Stufe der Entwicklung des Gewerbewesens, in der endgültig mit der alten Zeit abgebrochen und eine neue Ordnung aufgebaut wurde. Diesen seinen besonderen An-

[1]) Angeführt im Vorwort des Herausgebers zu Stolle, „Die einheimische und ausländische Patentgesetzgebung" (1855) S. 2.

[2]) Das sind etwa soviel, wie jetzt allein von den Firmen des Siemens-Konzerns in jedem einzigen Monat in Deutschland angemeldet zu werden pflegen.

[3]) Tafeln über die von 1800—1877 in deutschen Staaten erteilten Patente finden sich bei Müller, „Entwicklung des Erfindungsschutzes", l. c. S. 42—51 und ebenda im Anhang.

[4]) Vgl. die Verordnung vom 9. Nov. 1849.

teil im Zusammenhang mit dem großen kulturgeschichtlichen Geschehen darzustellen, ist der Zweck dieser Arbeit.

Vorarbeiten für dies Unternehmen fehlen fast ganz. Die Geschichte der Entwicklung des Erfindungsschutzes ist, wie schon oben erwähnt, bisher sehr stiefmütterlich behandelt worden. Es ist daher für unseren Sonderzweck fast überall notwendig, auf die letzten zum Teil schon stark versandeten Quellen zurückzugehen.

Die Angaben, auf Grund deren sich das Siemenssche Wirken klarstellen läßt, finden sich zerstreut in seinen eigenen Veröffentlichungen, ferner in seinem veröffentlichten und unveröffentlichten Briefwechsel, in seinen noch vorhandenen Akten, in den teils veröffentlichten, teils nur handschriftlichen Berichten über die Verhandlungen, an denen er teilgenommen hat, sowie schließlich in den Berichten anderer, mit denen er in Verkehr gestanden hat. Das bisher unveröffentlichte Material, das sich hauptsächlich im Siemensarchiv befindet, zeigt große Lücken und ist schwer zu übersehen, weil das Hierhergehörige in der großen Fülle anderer Dinge fast verschwindet. Dennoch glaube ich, daß es mir gelungen ist, ein in allen Hauptzügen treffendes Gesamtbild zu gewinnen[1]).

II. Siemens' Erfahrungs-Grundlagen.

Vor 75 Jahren, im Oktober 1847, wurde in der Schöneberger Straße in Berlin jene Werkstätte eröffnet, aus der die heutigen Siemensfirmen hervorgingen und von der die Elektrotechnik ihren Siegeslauf durch die Welt nahm. Wie Watt der Industrie die Dampfkraft erschloß, so führte ihr Werner Siemens die Elektrizität zu und führte sie damit in eine ganz neue Welt. Die Leistungsfähigkeit der Elektrizität war weit vielseitiger noch als die des Dampfes und griff viel tiefer ein in das Leben aller. Der Dampf gab der Industrie zunächst die vielseitig verwendbare motorische Kraft, dann die Eisenbahn und das Dampfschiff als Verkehrsmittel; die Elektrizität aber erweiterte den Machtbereich des Dampfes ganz außerordentlich und schuf neue Möglichkeiten des motorischen Antriebes und des Verkehrs; darüber hinaus aber brachte sie das elektrische Licht, den Telegraphen, das Telephon, die Elektrochemie und andere ungeahnte Dinge.

Werner Siemens war vielleicht der erfolgreichste und rührigste Erfinder aller Zeiten[2]). Was er geleistet hat als Erfinder und als großzügiger Organisator,

---

[1]) Alle wichtigen Quellen werde ich im folgenden, ebenso wie ich schon im vorausgegangenen tat, jeweilig in Fußnoten mitteilen, soweit ich diese Quellen selbst unmittelbar benutzt habe.

[2]) Zu dieser Annahme wird man meines Erachtens gedrängt, wenn man sich die große Zahl seiner als bahnbrechend anerkannten Erfindungen vergegenwärtigt. Es seien besonders hervorgehoben 1. auf dem Gebiet der elektrischen Leitungen: Er erfand die Guttaperchaisolation und die Maschine zu ihrer Herstellung. Er legte die ersten Erd- und Überseekabel und erfand auch die Bleikabel sowie die Verfahren zur Kabelfehlerbestimmung; alles Dinge, die heute Allgemeingut sind. — 2. Telegraphie: Sein Typendrucker, sein Zeigertelegraph, sein Gegensprechsystem waren vorbildlich. — 3. Stromerzeugung: Die selbsterregende Dynamomaschine, auf der die gesamte heutige Starkstromtechnik beruht, ist ihm allein zu danken. Seine Teilermaschine, sein Zylinderinduktor mit Doppel-T-Anker waren für bestimmte Sondergebiete wichtige Vorläufer. — 4. Die ersten elektrischen Bahnen und viele heute fast unentbehrliche Einzelheiten davon, wie Kurzschlußbremse, Gleitbügel, danken ihm ihre Entstehung. — 5. Dasselbe gilt für andere Anwendungen des elektrischen Stromes, wie Minenzünder, elektrische Aufzüge. — 6. Dazu kommen noch verschiedene wichtige Erfindungen, die ebenfalls als bahnbrechend bezeichnet werden dürfen, weil vorher ihresgleichen nicht da war, während heute auf den betreffenden Sondergebieten die in jenen Erfindungen niedergelegten Grundgedanken noch wichtige und umfangreiche Anwendung finden. Hierzu gehört der Funkenchronograph, der Beharrungsregler, der Alkoholmesser, der

ist schon oft geschildert und gewürdigt worden. Unzähliges aber ist einfach vergessen, weil es nie veröffentlicht wurde und stillschweigend in den Allgemeinbesitz überging. Ein Gesamtbild davon zu gewinnen, scheint daher heute fast unmöglich. Siemens sagt selbst darüber: „Zur Publikation in wissenschaftlichen und technischen Zeitschriften fand ich damals keine Zeit, auch Patente wurden nur in wenigen Fällen genommen. Ein deutsches Patentrecht gab es noch nicht, und in Preußen wurden Patente ziemlich willkürlich auf 3 bis 5 Jahre erteilt; waren also ohne praktischen Wert. Es fehlt daher in der Mehrzahl der Fälle den in jener Zeit von uns ausgegangenen Erfindungen und Verbesserungen der Ursprungstempel durch Publikation oder Patentierung[1]," und an anderer Stelle: „Wie schon bemerkt, wurden nur wenige dieser Neuerungen patentiert. Die Mehrzahl derselben wurde auch entweder gar nicht oder doch erst in späteren Jahren in Zeitschriften beschrieben[2])." Das Allerwichtigste wenigstens hat er selbst in seinen Veröffentlichungen niedergelegt[3]). Wir brauchen auf alles dies hier nicht näher einzugehen. Wichtig sind für uns die Wirkungen, die sein technisches Schaffen ausübte; die Veränderungen unserer ganzen Anschauungen und Lebensverhältnisse. Hätte er nichts erfunden als nur die Dynamomaschine, so würde das wohl allein schon genügt haben, um das Angesicht der Welt in ähnlichem Maße umzugestalten, wie es seinerzeit die Wattsche Erfindung tat. Durch sein technisches Schaffen allein schon trug er wesentlich dazu bei, die volkswirtschaftlichen Fragen in Fluß zu bringen und zu klären.

Aber sein Wirken erschöpfte sich nicht in seiner erfinderischen Tätigkeit. Er ging vielmehr den volkswirtschaftlichen Aufgaben auch unmittelbar zu Leibe, und erst dadurch, daß er mit den reichen Erfahrungen des Erfinders und Fabrikanten den scharfen Blick des Politikers verband; erst dadurch, daß er bei all seinem Schaffen nie das Wohl des Ganzen aus dem Auge verlor; erst dadurch wurde er befähigt, in den so lebenswichtigen Kulturfragen Führer zu sein. Diese Seite seines Wirkens wird uns hier besonders beschäftigen.

Um sein politisches Vorgehen zu würdigen, wird man sich einmal vergegenwärtigen müssen, wie er selbst die damaligen Zustände sah und ferner, welche besonderen Erfahrungen auf dem Gebiet des Erfindungswesens ihn leiteten.

Über letztere Frage habe ich mich an anderer Stelle ausführlich ausgesprochen[4]). Es sei hier nur kurz umschrieben, was Siemens unter einer Erfindung verstand.

Siemens kannte aus reicher Erfahrung an sich selbst und an anderen den freien Geistesflug des Erfinders, der ihn weit über die gegebene Wirklichkeit hinaus-

---

Ozonapparat; auch der für den Erfolg ausschlaggebende Schwefelsäurezusatz zur Salpetersäure gehört hierher, da er ihn selbständig fand und als Erster offenbarte und der Technik zuführte (vgl. hierüber meinen Aufsatz „Werner Siemens über Erfindungen und Erfinder" in „Zeitschrift für Industrierecht", 1922, Juliheft). — Diese Liste ließe sich noch ergänzen durch eine lange Reihe anderer Erfindungen und Verbesserungen, die von geringerer Bedeutung sein mögen, aber gleichwohl zum guten Teil noch heute im allgemeinen Gebrauch sind. Sehen wir von diesen ganz ab und ziehen nur das vorhin Aufgezählte zu einem Vergleich heran mit den geschichtlich feststehenden bahnbrechenden Leistungen anderer Erfinder — etwa an Hand von Darmstädter, „Handbuch zur Geschichte der Naturwissenschaft und Technik", 1908 —, so wird man finden, daß es schwer ist, ihm einen anderen Erfinder zur Seite zu stellen. Am nächsten käme ihm noch James Watt.

[1]) „Lebenserinnerungen" 11. Aufl., 1919, S. 80.

[2]) l. c. S. 172.

[3]) Hauptsächlich in „Wissenschaftliche und technische Arbeiten" (2. Aufl., Berlin 1889, 1891) und „Lebenserinnerungen" (11. Aufl., 1919).

[4]) Meine Mitteilung „Werner Siemens über Erfindungen und Erfinder" in „Zeitschrift für Industrierecht", 1922. S. 105 ff.

trägt, solange alles noch im Reich der Gedanken ist; solange die Phantasie noch freies, ungehemmtes Spiel hat, weil die Erfahrung fehlt, die sich erst beim Ausführen und Erproben einzustellen pflegt. Er kannte aber auch die Erdenschwere, die den Erfinder niederzieht und oft zu Boden wirft, wenn es gilt, eine Idee zu verwirklichen. Er hat oftmals davon gesprochen, wie trügerisch und verhängnisvoll fast immer dieses Mißverhältnis für den Erfinder ist; wie blind der Erfinder eine Zeitlang für die zu überwindenden Schwierigkeiten zu sein pflegt; wie seine Phantasie ihn zu falschem Urteil verleitet, ihn in die Irre lockt, ihn oft geradezu vom festen Boden planmäßiger Arbeit ablenkt, die doch allein zum Ziele führen kann; und wie er dazu neigt, schon die Idee als Erfindung anzusehen. Selbst wenn die allgemeine Idee richtig ist, kommt doch alles auf die wirkliche Ausführung an. Ideen können wertvolle Ausgangspunkte sein für den planmäßig arbeitenden Erfinder, aber sie sind an sich billig und pflegen in hundert Köpfen aufzutreten. Die Schwierigkeit und der eigentliche Wert des Erfindens liegt in der Gestaltung bis zur vollen Brauchbarkeit; in dem Lebendigmachen der Idee für die Technik und für die Allgemeinheit. Das aber erfordert Kenntnis der Naturkräfte und zähe, planmäßige Arbeit. Selten geht dabei der Weg zum Erfolg geradeaus, denn der Erfinder lernt meist erst im Lauf seiner Arbeit richtig sehen, die technologischen Zusammenhänge und die zu überwindenden Hemmnisse erkennen und die praktischen Notwendigkeiten überschauen. Durch alles das ist er unter Umständen befähigt, die Natur für seinen Endzweck zu meistern, und dann erst gelangt er zu der wahren Erfindung. Ideen können irre leiten, sie können auch Hilfsmittel und Richtungsweiser für den Erfinder sein. Erfinden aber ist Gestalten und Vollenden.

Diese Siemens sche Auffassung vom Erfinden hat sein ganzes Wirken wesentlich beeinflußt.

Wir hatten oben noch eine zweite Frage berührt, nämlich wie Siemens die damals herrschenden Zustände auf dem Gebiet des Erfindungsschutzes beurteilte. Darüber hat er sich oft und ausführlich ausgesprochen.

Im vorigen Abschnitt haben wir schon den Boden kennen gelernt, auf den Werner Siemens gestellt war, als er seine technische Laufbahn begann. 1842 meldete er zum ersten Mal ein preußisches Patent an. Es betraf ein Verfahren zur galvanischen Vergoldung. Er erhielt es auch mit einer gewissen Beschränkung. Seiner ersten folgte eine lange Kette weiterer Erfindungen, und er hatte bald Gelegenheit, die großen Mißstände des deutschen Patentwesens in jeder Hinsicht kennenzulernen.

Seine üblen Erfahrungen brachten ihn dazu, nur noch in Ausnahmefällen in Deutschland Patente zu nehmen. Schon seine weiter oben[1]) angeführten Aussprüche weisen darauf hin. Noch am 14. März 1875, als das von ihm selbst geschaffene neue Patentgesetz in Aussicht stand, schreibt er an die Redaktion der „National-zeitung": „Ich habe seit mehr wie 20 Jahren in Preußen nie ein Patent nachgesucht und werde für mich auch von einem etwaigen Reichs-Patentgesetz keinen Gebrauch machen[2])."

[1]) S. 13.

[2]) Siemens-Archiv. — Ganz ähnlich schreibt er um dieselbe Zeit an Krieger (Siemensarchiv). — Von dem Vorsatz, keine Reichspatente zu nehmen, ist er allerdings bald zurückgekommen, als das

Im Ausland, besonders in England, hat Siemens zu allen Zeiten angemeldet. So schreibt er am 3. Dezember 1860 an seinen Bruder Friedrich[1]): „Ich glaube, daß Du ganz recht hast, Deine Aufmerksamkeit hauptsächlich auf England zu richten, da ist immer am meisten oder fast allein mit Erfindungen zu verdienen. Hier haben die Leute[2]) immer Zeit — bis das kurze Patent vorüber, und sind nicht an Zahlung von Patentprämien gewöhnt.“

Nur durch zähes Ringen um immer neue Erfolge war es ihm unter diesen schwierigen Verhältnissen in Deutschland möglich, zu verhüten, daß ihm der Rang abgelaufen würde. „Eine wesentliche Ursache für das schnelle Aufblühen unserer Fabrikation sehe ich darin, daß die Gegenstände unserer Fabrikation zum großen Teil auf eigenen Erfindungen beruhten. Waren diese auch in den meisten Fällen nicht durch Patente geschützt, so gaben sie uns doch immer einen Vorsprung vor unseren Konkurrenten, der dann gewöhnlich solange anhielt, bis wir durch neue Verbesserungen abermals einen Vorsprung gewannen. Andauernde Wirkung konnte das allerdings nur infolge des Rufes größter Zuverlässigkeit und Güte haben, dessen sich unsere Fabrikate in der ganzen Welt erfreuten[3]).“ Das freilich ist ein Verfahren, das nur ein Erfindergenie auf die Dauer anwenden kann und das immer bedenklich bleibt, selbst in Zeiten rascher Entwicklung eines Gebietes. Ein scharfes Schlaglicht wirft darauf eine Äußerung von ihm aus 1861: „Unser hiesiges Telegraphenfabrikationsgeschäft scheint auch zur Neige zu gehen. Der Fehler ist, daß jeder Mechaniker ohne Kapital und Intelligenz uns gewichtige Konkurrenz machen kann. Dadurch ist uns der inländische Markt nach und nach abhanden gekommen[4]).“ Sogar für seine vielleicht bedeutendste Erfindung, für die Dynamomaschine (Herbst 1866), hat er in Deutschland kein Patent nachgesucht, trotzdem er sich über die ungewöhnliche Tragweite dieser Erfindung im klaren war[5]). Eine Nebenwirkung dieser ganzen Zurückhaltung war übrigens auch die, daß für viele seiner Erfindungen die Priorität sich nur noch sehr schwer feststellen ließ; was er später selbst oft bedauert hat[6]).

Wie schwer er die Übelstände empfand, wie sie besonders in Preußen bestanden, das zeigen derbe Bemerkungen, die er gelegentlich fallen ließ. „Man will in Preußen keine Patente, man schlägt sie ab, wo man irgend kann und häufig unter Anführung

---

Patentgesetz da war und die geschäftlichen Notwendigkeiten sich stärker erwiesen als er zuvor ahnen konnte. Wir werden auf diesen Umschwung noch zurückkommen.

[1]) „Auswahl von Briefen“, l. c. S. 170.

[2]) Gemeint sind wohl diejenigen, denen man ein Patent zur Verwertung anbieten könnte.

[3]) „Lebenserinnerungen“, l. c. S. 297.

[4]) Brief an seinen Bruder Wilhelm vom 3. Jan. 1861, „Auswahl von Briefen“, l. c. S. 171.

[5]) In seiner ersten öffentlichen Mitteilung über diese Erfindung vom 17. Jan. 1867 in Monatsbericht der Berliner Akademie der Wissenschaften sagt er: „Der Technik sind gegenwärtig die Mittel gegeben, elektrische Ströme von unbegrenzter Stärke auf billige und bequeme Weise überall da zu erzeugen, wo Arbeitskraft disponibel ist. Diese Tatsache wird auf mehreren Gebieten derselben von wesentlicher Bedeutung werden.“ — An seinen Bruder Karl schreibt er am 4. März 1867: „Dieser Apparat wird den Grundstein einer großen technischen Umwälzung bilden, welche die Elektrizität auf eine höhere Rangstufe der Elementarkräfte erheben wird!“ „Auswahl von Briefen“, S. 265.

[6]) Vgl. z. B. „Lebenserinnerungen“, l. c. S. 80 unten; ferner Brief an seinen Bruder Karl vom 22. Juni 1872 („Auswahl...“, l. c. S. 371), worin er sagt, er müsse mehr als bisher darauf sehen, nicht in Vergessenheit zu kommen, und worin er Anmeldung britischer Patente auf seinen eigenen Namen vorschlägt; — Brief an die Redaktion der „Deutschen Post“ vom 15. Dez. 1873, worin er sich bitter beklagt, daß für seine eigenen Erfindungen Ausländer genannt werden („Auswahl...“, l. c. S. 432); — Brief an Prof. Dr. Böttcher vom 21. Juli 1874 über die Priorität der galvanischen Vernickelung („Auswahl...“ l. c. S. 451f.) und andere.

sehr kleinlicher und nichtiger Gründe, weil man Patente für gemeinschädlich hält[1]).“

Im Zusammenhang hat er sich über die Zustände unter der preußischen Privilegienwirtschaft bei fünf Gelegenheiten ausgesprochen. Einmal in den „Positiven Vorschlägen zu einem Patentgesetz“ aus 1863, dann 1872 in einer „Petition“ an den Bundesrat, ferner in einem autographisch vervielfältigten Werbeschreiben vom 17. April 1874 zur Gründung des Patentschutzvereins, weiterhin in einer Denkschrift vom Jahre 1876 und schließlich in den „Lebenserinnerungen“.

Besonders die „Vorschläge“ behandeln diese Frage in klarer und fein abgewogener Form[2]).

Er sagt: Wenn auch der Patentschutz zweifellos seine Schattenseiten habe, so gebe es doch zu denken, daß die rapide Entwicklung der Industrie in anderen Ländern mit der Entwicklung der Patentgesetzgebung in diesen Ländern zusammen falle. Die Frage des Patentschutzes sei mindestens nicht mit einigen gebräuchlichen Phrasen ohne weiteres abzutun. „Betrachtet man den Patentschutz allein vom Standpunkt der preußischen und überhaupt der Zollvereinsgesetzgebung, so fällt es freilich schwer, einen ursächlichen Zusammenhang zwischen den beiden Entwicklungen zu erkennen.“ Gegen diese Gesetzgebung erhebt er die bittersten Vorwürfe.

Das preußische Patent habe den Charakter eines „Privilegiums“ und vertrete eine „Belohnungs“theorie. Deshalb werde auch die Erfindung geheim gehalten. „Diesen Patenten gegenüber sind alle Gewerbetreibenden in einer wahrhaft verzweifelten Lage, wenn sie ihren Betrieb vervollkommnen wollen[3]).“ Das unbekannte Recht eines anderen schwebe als Damoklesschwert über ihrem Haupt. „Es ist als ein Glück für die heimische Industrie zu betrachten, daß solche geheim gehaltenen Patente nur in verhältnismäßig sehr geringer Zahl gegeben werden, da die technische Behörde, von deren subjektivem Belieben die Patenterteilung ohne jede Kontrolle abhängt, nur in verhältnismäßig seltenen Fällen dazu disponiert ist.“

Das preußische Verfahren verführe den Inhaber eines Patentes zu Illusionen über seinen Nutzen, der in Wirklichkeit ganz imaginär sei. — Die übliche Dauer des Schutzes sei für wertlose Patente viel zu lang, für bedeutende Erfindungen aber fast immer zu kurz. — Im Falle von Streitigkeiten um das Schutzrecht sei die Entscheidung wiederum der Willkür der technischen Deputationen anheimgegeben. — Ferner schütze ein preußisches Patent nicht gegen die Einfuhr aus anderen Staaten.

---

[1]) Amtlicher Bericht über den Internationalen Patentkongreß in Wien 1873, S. 229. Es wurde ihm auf diesem Kongreß von Rosenthal — einem der eifrigsten Mitkämpfer — das Zeugnis ausgestellt, „daß niemand hier ist, der ein so energischer Feind des preußischen Patentverfahrens wäre, wie Herr Dr. Werner Siemens“ (Amtl. Bericht S. 230). — Derbe Bemerkungen finden sich auch gelegentlich in seinen Briefen, z. B. in einem unveröffentlichten Brief an Louis Siemens vom 19. Juni 1865, worin er diesem die Entnahme eines Patentes in Sachsen empfiehlt: „In Sachsen ist man in dieser Beziehung liberal und gerecht — was man von unseren Patentbehörden in keiner Hinsicht sagen kann.“ Allerdings war er weit davon entfernt, die Schuld hieran den Beamten zu geben. Auf dem vorhin erwähnten Wiener Kongreß trat er mit größtmöglicher Schärfe einer dort gefallenen Bemerkung entgegen, die ein schlechtes Licht auf die Beamten selbst hätte werfen können. Er erzielte, daß durch Mehrheitsbeschluß dem Redner wegen Verleumdung ehrenhafter Beamten das Wort entzogen wurde.

[2]) Siemens, „Wissenschaftliche und technische Arbeiten“, 2. Aufl., 1891, Bd. II, S. 549ff.

[3]) In ähnlichem Sinne schreibt er am 15. März 1875 an den um das Patentgesetz hochverdienten André (Kopie im Siemensarchiv) von der „verzweifelten Lage der Gewerbetreibenden solchen geheimen Patenten gegenüber“ und von der „Schädigung unserer Erfinder, welche nutzlos Mühe und Arbeit auf eine Erfindung verschwenden, die bereits in den geheimen Akten der Patentbehörde in Form eines rechtlich erteilten Patentes schlummert“. Dieselben Worte von der „verzweifelten Lage“ der Gewerbetreibenden finden sich ferner in seinem Rundschreiben vom 17. April 1874 wegen Gründung des Patentschutzvereins.

So kommt er zu dem Ergebnis: „Man kann daher hinsichtlich der Patente in Preußen und den Zollvereinsländern dem allgemeinen Urteil nur beipflichten, daß sie ein großes Hemmnis für den heimischen Gewerbebetrieb bilden, ohne ihm dafür den geringsten Nutzen zu bringen, und daß sie ebensowenig den Erfindern von Vorteil sind, diese also nicht abhalten, ihre Ideen, ihre Arbeitskraft und ihr Kapital dem Vaterlande zu entziehen und sie dem lohnenden englischen oder französischen Markte zuzuführen. Handelte es sich daher um die Frage, ob das preußische Patentgesetz in seiner jetzigen Gestalt fortbestehen solle oder nicht, so würden wir keinen Augenblick anstehen, uns für die vollständige Abschaffung desselben zu erklären."

Mehr als 8 Jahre vergingen, bis er wieder Gelegenheit fand, auf die Mißstände der preußischen Gesetzgebung genauer einzugehen. Es war in einer „Petition" an den Bundesrat, auf die wir noch ausführlich zurückkommen werden[1]). Er schildert darin zunächst die Zustände, wie sie unter der bis dahin geltenden Patentgesetzgebung der Einzelstaaten herrschten. Er führt aus, daß die von den Einzelstaaten nach den verschiedensten Grundsätzen erteilten Patente nur in seltenen Fällen den Erfindern Nutzen bringen, also die Erfindungstätigkeit nicht anspornen. Die größtenteils willkürlich bemessene Patentdauer sei zu kurz, der Geltungsbereich jedes dieser einzelstaatlichen Patente zu klein. Zur Verbreitung neuer, technischer Gedanken tragen sie nicht bei, weil sie geheim gehalten werden. Sie wirken daher nicht nur nicht befruchtend, sondern wegen der durch die Geheimhaltung bedingten Unsicherheit sogar hemmend. Es bestehe ein ganz unerträglicher Zustand der Unsicherheit, der lähmend wirke. —

In dem bereits erwähnten Werbebrief, der uns ebenfalls noch ausführlich beschäftigen wird, spricht er sich in ganz dem gleichen Sinne aus. Er bringt aber noch einige neue Schlaglichter an. So sagt er, „daß das gegenwärtig in Deutschland bestehende Patentregime als eine wahre Kalamität für die Industrie des Landes zu betrachten sei. Dasselbe besteht darin, daß jedes deutsche Land oder Ländchen eigene Patente von kürzerer oder längerer Dauer gewährt, wobei die zu zahlenden Abgaben häufig im umgekehrten Verhältnisse zu seiner Größe stehen. Diese Patente werden meist auf Grund von Prüfungen erteilt, die nur selten von wirklich kompetenten Personen ausgeführt werden, und gegen deren Ausfall weder dem Erfinder, noch dem beteiligten Fabrikanten eine Berufung freisteht." Dann geht er auf die schädliche Wirkung der Geheimhaltung der geschützten Erfindungen ein und sagt, dem Fabrikanten, der vielleicht das Unglück habe, mit dem Patent irgendwie zu kollidieren, bleibe nur übrig, „den in der Regel etwas sanguinischen Erfinder selbst zum Richter darüber zu machen, was den wirklichen Inhalt seines Patentes bildet". Dann spricht er von der Schwierigkeit der Patentprozesse und ferner davon, daß der Erfinder selbst nur in seltenen Fällen wirklichen Nutzen aus seinem Patent ziehen kann, zumal dem Fabrikanten „die kurze, unsichere und ungleiche Dauer der Patente in den verschiedenen deutschen Ländern keine begründete Aussicht auf entsprechenden Nutzen für die von ihm zu bringenden Opfer gewährt". Deshalb gehen die Erfinder ins Ausland.

Er faßt sein Urteil über die deutschen Patentverhältnisse dahin zusammen,

[1]) Es handelt sich um die in der „Zeitschrift des Vereines deutscher Ingenieure" 1872, S. 321 ff. abgedruckte „Petition" des Vereins. Abgesehen von einem am Schluß angefügten Zusatz war Siemens der Verfasser.

daß sie „die heimische Industrie im höchsten Grade schädigen, indem sie den Gewerbebetrieb unsicher machen und stören, die Ausbildung wichtiger Erfindungen nicht fördern, sondern hemmen und dieselben — in der Regel samt den Erfindern — aus dem Lande treiben". Es ist in ähnlichem Zusammenhang von anderer Seite mehrfach als Beispiel angeführt worden, daß Wilhelm Siemens, der Bruder von Werner Siemens, sein deutsches Vaterland nur deshalb verlassen habe, weil ihm dieses keinen Rechtsschutz für seine Erfindungen gewähre[1]). —

Die weiterhin oben erwähnte Denkschrift vom Jahre 1876 befaßt sich unmittelbar nur mit der Frage der Notwendigkeit eines Patentgesetzes für das Deutsche Reich, aber sie schildert ausführlich die Zustände, wie sie in Deutschland bestehen unter der Herrschaft der „sehr mangelhaften und daher unwirksamen Patentgesetzgebung der einzelnen deutschen Staaten[2])". Dieser Zustand ist für ihn mit vollkommener Schutzlosigkeit der Erfindungen praktisch gleichbedeutend, und so bedeuten seine ganzen Ausführungen gleichzeitig eine Kritik jener veralteten Patentgesetzgebung. Wir werden auch auf diese Denkschrift noch in anderem Zusammenhang zurückkommen. —

In den „Lebenserinnerungen" setzt er ebenfalls den vor dem Erlaß eines reichsdeutschen Patentgesetzes herrschenden Zustand einfach der gänzlichen Schutzlosigkeit der Erfindung praktisch gleich: „Es war mir längst klar geworden, daß eines der größten Hindernisse der freien und selbständigen Entwicklung der deutschen Industrie in der Schutzlosigkeit der Erfindungen lag. Zwar wurden in Preußen sowohl wie auch in den übrigen größeren Staaten Deutschlands Patente auf Erfindungen erteilt, aber ihre Erteilung hing ganz von dem Ermessen der Behörde ab und erstreckte sich höchstens auf drei Jahre. Selbst für diese kurze Zeit boten sie nur einen sehr ungenügenden Schutz gegen Nachahmung, denn es lohnte sich nur selten, in allen Zollvereinsstaaten Patente zu nehmen, und dies war auch schon aus dem Grunde gar nicht angängig, weil jeder Staat seine eigene Prüfung der Erfindung vornahm und manche der kleineren Staaten überhaupt keine Patente erteilten. Die Folge hiervon war, daß es als ganz selbstverständlich galt, daß Erfinder zunächst in anderen Ländern, namentlich in England, Frankreich und Nordamerika, ihre Erfindungen zu verwerten suchten. Die junge deutsche Industrie blieb daher ganz auf die Nachahmung der fremden angewiesen und bestärkte dadurch indirekt noch die Vorliebe des deutschen Publikums für fremde Fabrikate, indem sie nur Nachahmungen und auch diese großenteils unter fremder Flagge auf den Markt brachte. Über die Wertlosigkeit der alten preußischen Patente bestand kein Zweifel; sie wurden in der Regel auch nur nachgesucht, um ein Zeugnis für die gemachte Erfindung zu erhalten[3])."

Über die Verkehrtheit des herrschenden Patentwesens gab es auch kaum eine Meinungsverschiedenheit. Die Erfinder sahen ihre Wünsche nicht erfüllt, die Industriellen waren aufs äußerste unzufrieden, die Theoretiker verwarfen das herrschende

---

[1]) Diese Erklärung gab Wilhelm Siemens vor einer Kommission des britischen Oberhauses Anfang der 50er Jahre ab. Diese Kommission vernahm eine große Anzahl von Sachverständigen, um zu einer Reform des englischen Patentgesetzes zu kommen. — Vgl. auch „Bericht der 7. Kommission des Reichstags 1877"; ferner bei Klostermann in „Archiv für Deutsches Handels- und Wechselrecht" 1877, S. 24. — Auszüge aus dem britischen Parlamentsbericht bringt Stolle, „Die einheimische und ausländische Patentgesetzgebung" (1855).

[2]) „Wissenschaftliche und technische Arbeiten", II. Aufl., Bd. 2, S. 561.

[3]) „Lebenserinnerungen", l. c. S. 258f.

System und meist das Patentwesen überhaupt und die Regierung sah es ebenfalls nur mit Widerwillen. Der Kernpunkt der ganzen Frage war nur der: Soll die Patentgesetzgebung überhaupt abgeschafft werden oder soll und kann etwas Besseres an die Stelle des Bisherigen gesetzt werden. Eine angesehene Richtung der Volkswirtschaftslehre, die sog. Freihandelsschule, war für die vollständige Abschaffung. Die Regierung und weite Kreise der Industrie und des Handels schlossen sich dieser Richtung an. Wurden diese Bestrebungen doch gerade durch die üblen Erfahrungen mit der herrschenden Patentgesetzgebung genährt und dadurch gestärkt, daß man nicht zu erkennen vermochte, wie ein allen berechtigten, einander scheinbar widersprechenden Anforderungen genügendes Patentgesetz überhaupt möglich sei.

Es galt also doppelte Arbeit, nämlich den Kampf gegen die patentfeindlichen Ansichten und für den Plan und den Ausbau eines wirklich brauchbaren Patentgesetzes an Stelle des alten. Beides ging immer Hand in Hand, und der Widerstand gegen die Patentgesetzgebung überhaupt war erst gebrochen, als es nach jahrzehntelangem, umfangreichem Werben und nach sorgfältiger Prüfung aller gesetzestechnischen Möglichkeiten gelungen war, an der Hand ganz bestimmter Vorschläge eine überwältigende Mehrheit von der Möglichkeit und der großen volkswirtschaftlichen Bedeutung eines guten Patentgesetzes zu überzeugen.

III. Polytechnischer Verein (1850—1853). — Berliner Handelskammer (1863).

Es ist anzunehmen, daß Werner Siemens schon frühzeitig über die Umgestaltung des deutschen Patentwesens nachgedacht hat. Verschiedene Briefe an seinen Bruder Wilhelm weisen darauf hin. So schreibt er am 1. September 1845[1]): „Unsere Patentgesetze sind nichts wie eine Chimäre, wie ich auch Herrn Wedding[2]) neulich ins Gesicht gesagt habe.“ Am 26. September 1848 schreibt er, daß „eine so kurze Patentierung, wie sie hier höchstens erzielt werden kann (8 Jahre), nur wenig Nutzen versprach, und weil hier auch ein neues Patentgesetz schon zur Vorlage bereit ist, welches ungleich vorteilhafter ist[3])“; dann weiter am 27. Dezember 1848 anläßlich einer schwebenden Patentanmeldung: „Durchsetzen müssen wir die Sache jetzt, wenn ich auch gerade nicht glaube, daß in den 5 oder höchstens 8 Jahren[4]), die gegeben werden, viel Seide gesponnen werden wird, selbst im günstigsten Falle[5])“. Aus einem Brief vom 19./21. November 1846 (ebenfalls an seinen Bruder Wilhelm) ergibt sich auch, daß er damals schon vorhatte, öffentlich zur Patentfrage Stellung zu nehmen. Er wollte über „Deutsche Maschinenfabrikation und Patentgesetz-

[1]) Siemensarchiv. — Auch vom 22. April 1844, vom 9. Juni 1845 und vom 21. August 1845 sind kurze Äußerungen von ihm über das Patentgesetz erhalten.

[2]) Geh. Rat W. Wedding war Mitglied der Preußischen Patentkommission. Im Jahre 1851 berichtete er ausführlich vor einem Ausschuß des englischen Oberhauses über seine Erfahrungen. Die Erfinder seien zwar unzufrieden mit der scharfen Prüfung in Preußen, von Klagen anderer sei ihm aber nichts zu Ohren gekommen. Er meinte, die Prüfung brauche nicht gar so streng zu sein, und es könne wohl zweckmäßig sein, die Beschreibung der Erfindungen zu veröffentlichen. Im allgemeinen aber hielt er das Preußische Verfahren für gut. (Vollst. Wortlaut bei Stolle, „Die einheimische und ausländische Patentgesetzgebung“ [1855], S. 187.)

[3]) Siemensarchiv.

[4]) Das ist kein Widerspruch zu dem auf S. 18 und 13 Gesagten. Die Durchschnittsdauer hat zu verschiedenen Zeiten geschwankt.

[5]) Siemensarchiv.

gebung" für eine Zeitschrift schreiben[1]). Anscheinend kam er nicht dazu. Man darf aber wohl annehmen, daß er in der Polytechnischen Gesellschaft in Berlin Anteil an den Erörterungen genommen hat, die dort im Jahre 1850 über die Patentgesetzgebung stattfanden. Er war Mitglied und eifriger Mitarbeiter dieser Gesellschaft[2]). Der Fanatiker Jobard[3]) hatte der Polytechnischen Gesellschaft um 1847 den Entwurf eines Patentgesetzes vorgelegt, in dem er u. a. eine Schutzdauer von 99 Jahren forderte[4]). Man ging damals der Sache nicht tiefer nach. Die Frage kam erst 1849 wieder in Fluß durch die Hoffnung auf ein einheitliches Deutsches Reich.

Die Nationalversammlung in Frankfurt a. M. hatte im März 1849 eine Verfassung beschlossen und darin auch ein künftiges Reichsgesetz über Erfindungspatente vorgesehen. Offenbar darauf bezieht sich eine Stelle in einem Brief von Siemens an seinen Bruder Wilhelm vom 9. Juni 1849: „Mit dem Reichspatent wird es wohl noch etwas langweilig werden. Wir wollen es aber jedenfalls mit einem hiesigen nochmals versuchen und gröber werden, wenn sie Nein sagen. Grobheit hilft. Schicke nur früh genug Deine Spezifikation. Jedenfalls werden die preußischen Patente doch künftig in Reichspatente umgewandelt, soweit das Deutsch-Preußische Reich reichen wird[5])." Wahrscheinlich durch ähnliche Hoffnungen veranlaßt, stellte die Polytechnische Gesellschaft den Jobardschen Vorschlag erneut zur Erörterung und ernannte einen Ausschuß. Dieser arbeitete Anfang 1850 einen eigenen Entwurf aus, der in mehreren Versammlungen beraten und am 15. August 1850 von der Gesellschaft angenommen wurde[6]). Dieser Entwurf blieb zunächst auf dem festeren Boden der Preußischen Gesetzgebung stehen[7]). Er verlangte u. a.

1. Der Erfinder soll einen Rechtsanspruch auf ein Patent haben (§ 1).
2. Die sachliche Prüfung der Erfindungen soll beseitigt werden (§ 2).
3. Für den Schutz sind steigende Jahresgebühren zu entrichten (§ 6).
4. Vollständige Veröffentlichung der Beschreibung nach einem Jahr (§ 15).

Die Forderung, die Prüfung zu beseitigen, war lediglich eine Rückwirkung auf die allgemein als schädlich empfundene, oft willkürlich erscheinende Art der preußischen Prüfung. Vielleicht hat damals auch Siemens ihrer vollständigen Beseitigung zugestimmt. Jedenfalls ist er aber später davon wieder abgekommen, als es ihm gelungen war, den Schwierigkeiten der Prüfung in anderer Weise zu begegnen.

Der Entwurf wurde dem Handelsminister, dem Finanzminister und sämtlichen Gewerberäten vorgelegt[8]). Von letzteren äußerten sich viele im wesentlichen zu-

---

[1]) „Auswahl von Briefen" l. c. S. 28.

[2]) „Lebenserinnerungen", 11. Aufl., 1919, S. 34 u. 35. — Vgl. ferner „Berichte der Polytechnischen Gesellschaft" Bd. I—VII. — Über seinen Anteil an den Patentberatungen von 1850 läßt sich etwas Sicheres nicht mehr ermitteln. Die gedruckten „Berichte" sind sehr kurz und geben keine Auskunft. Die geschriebenen „Versammlungsverhandlungen", die den Berichten zugrunde lagen, sind nicht mehr vorhanden, wie mir die Leitung der Gesellschaft mitteilt.

[3]) Vgl. oben S. 8f.

[4]) „Berichte der Polytechnischen Gesellschaft", Bd. VI, S. 23.

[5]) „Auswahl von Briefen", l. c. S. 70. — Bestrebungen, die Patentgesetzgebung der deutschen Staaten zu vereinheitlichen, hatten schon am 21. Sept. 1842 zu einer Vereinbarung der Zollvereinsstaaten geführt, die jedoch nur wenig Förderndes enthielt. (Abgedruckt bei Bitzer, „Vorschläge für ein Deutsches Patentgesetz", 1864, S. 138ff.)

[6]) „Berichte der Polytechnischen Gesellschaft" Bd. VII, S. 15f., S. 45.

[7]) Abgedruckt bei Stolle, „Die einheimische und ausländische Patentgesetzgebung", Leipzig (1855), S. 199ff.

[8]) Vgl. „Bericht der Polytechnischen Gesellschaft" VII, S. 45.

stimmend, wenn auch meist mit der Forderung einer Änderung des § 2. Man wünschte Vorprüfung [1]).

Die nächste Folge der Vorschläge der Polytechnischen Gesellschaft und der gewerberätlichen Gutachten war eine Umfrage des Handelsministers bei den Regierungen und bei den Handelskammern und Kaufmannschaften, worin vor allem die Frage gestellt wurde, ob die Prüfung beizubehalten sei oder nicht [2]). Die Ältesten der Kaufmannschaft zu Berlin sprachen sich damals gegen die Vorprüfung aus wegen der „Unmöglichkeit einer in allen Fällen richtigen Entscheidung [3]).“ Das war 1853. Es blieb dann aber alles beim alten [4]).

Im Jahre 1860 kam die Patentfrage im Bundestag zur Sprache. Verschiedene Regierungen drangen auf einheitliche Regelung des Patentwesens. Auf Antrag des mit der Prüfung beauftragten handelspolitischen Ausschusses wurde Ende 1861 ein fachmännischer Ausschuß ernannt, der allgemeine Grundsätze ausarbeiten sollte. Preußen aber verhielt sich schroff ablehnend, und die umfangreichen, bis 1863 dauernden Arbeiten des Ausschusses hatten keinen unmittelbaren Erfolg. Immerhin hatten sie die Aufmerksamkeit aller Kreise von neuem der Sache zugewandt.

Um jene Zeit nun wurde Siemens — wenn auch gegen seinen Willen — stärker zur Politik herangezogen, und das brachte ihn auch bald wieder mit der Patentfrage in Fühlung. Am 10. September 1861 schreibt er an seinen Bruder Karl: „Mich wollen sie mit Gewalt zum Abgeordneten machen, und ich habe Mühe, sie mir vom Halse zu halten. Ich habe keine Zeit zum Schwatzen [5]).“ Er konnte sich aber doch nicht auf die Dauer entziehen; er wurde gewählt, und im Mai 1862 klagt er bereits bitter darüber, daß die Kammerverhandlungen ihn vollständig absorbieren. Bald aber weiß er Nutzen für die ihn bewegende Sache daraus zu ziehen. Ende Mai 1862 schreibt er an seinen Bruder Wilhelm: „Es ist Aussicht vorhanden, jetzt ein ordentliches Patentgesetz in Preußen und Deutschland zustande zu bringen. Namentlich möchte ich meine jetzige Stellung als Mitglied der Landtagskommission für Handel und Gewerbe benutzen, um von der Heydt die Unrichtigkeit seines Standpunktes in dieser Sache nachzuweisen. Preußen erklärt sich nämlich jetzt für Patentlosigkeit [6])!“

Welchen Erfolg damals seine Bemühungen gehabt haben, entzieht sich unserer Kenntnis. Jedenfalls hat es ihm Anlaß gegeben, sich von neuem mit der Frage zu befassen. Von der Heydt schied bald aus dem Ministerium, als Bismarck an die Spitze trat. Sein Nachfolger, der Graf von Itzenplitz, war nicht weniger patentfeindlich als von der Heydt. Am 5. August 1863 ließ Itzenplitz eine Umfrage ergehen, die auch an die Ältesten der Kaufmannschaft zu Berlin gelangte. Darin wurde unterstellt, daß nicht nur das preußische System der Patentgesetzgebung, sondern auch das anderer Länder erhebliche Nachteile mit sich führe, und es wurde eine gutachtliche Äußerung über die Frage erbeten, ob es mit Rücksicht auf den damaligen Standpunkt der Industrie überhaupt noch einer Anregung des Erfindergeistes

---

[1]) Die Gutachten der Gewerberäte sind abgedruckt bei Stolle l. c. S. 203ff.

[2]) Die hierauf eingegangenen Gutachten sind abgedruckt bei Stolle, l. c. S. 211ff. — Vgl. auch Fauchers Vierteljahrsschrift, 2. Jahrg., 1864, Bd. I, S. 193 ff.

[3]) Abgedruckt bei Stolle, l. c. S. 218.

[4]) Von 47 Handelskammern hatten damals nur 6 für vollständige Beseitigung der Patente gestimmt; von 32 Regierungen 8. Vgl. Fauchers Vierteljahrschrift, 1864, Bd. I, S. 196.

[5]) „Auswahl von Briefen“, l. c. S. 183.

[6]) „Auswahl von Briefen“, l. c. S. 195.

durch Erteilung von Patenten bedürfe[1]). Nun war Werner Siemens seit Ende 1860[2]) Mitglied des Ältestenkollegiums der Berliner Kaufmannschaft. Er übernahm das Referat über die von der Regierung gestellte Frage[3]) und arbeitete eine Denkschrift aus, die er dem Kollegium vorlegte.

Auf den Inhalt dieser Denkschrift müssen wir nun genauer eingehen, weil sie einen geschichtlichen Ausgangspunkt unserer heutigen Gesetzgebung bildet und weil sie die wissenschaftliche Grundlage dafür liefert[4]).

Zunächst sucht Siemens einen Standpunkt gegenüber der Frage; eine Grundanschauung, die ihm als Kompaß durch das Gewirr der oft recht hochgehenden Wogen dienen kann. Wir haben gesehen, wie von Frankreich der Begriff des geistigen Eigentums ausgegangen war. Man hatte einen natürlichen, moralischen Anspruch des Erfinders auf Schutz dieses geistigen Eigentums konstruiert und seitdem in der Regel diesen Anspruch als Leitgedanken der Gesetzgebung angenommen. Dieser Gedanke war aber höchst angreifbar und die Ablehnung dieses Gedankens bedeutete zumeist die Ablehnung des Patentschutzes überhaupt. Siemens erkannte klar, daß in der richtigen Wahl der Ausgangsstellung der Wendepunkt der ganzen Frage liege und daß die Eigentumstheorie immer auf Abwege führen muß und mindestens ganz ungeeignet ist, ein für die Gesamtheit wirklich ersprießliches Patentgesetz zu begründen. Zwar „läßt sich sicherlich nicht bestreiten, daß dieser Anschauungsweise eine gewisse Berechtigung zusteht[5])". Er zeigt selbst, worin diese Berechtigung begründet sein könnte. Aber die weitere Untersuchung eines solchen natürlichen Rechtsanspruches kann ganz unterbleiben, und selbst wenn man die Frage im Sinne jener Theorie auffassen wollte, so würde es dennoch zweifelhaft sein, ob die „auf der Basis der moralischen Berechtigung beruhenden Argumente" für die Gesetzgebung entscheidend wären. Nicht um das Interesse des Einzelnen kann es sich bei dem Erlaß eines Patentgesetzes handeln, sondern „das Interesse der Gesamtheit bildet das höhere Gesetz[6])". Ohne Rücksicht auf moralische Ansprüche und Interessen des Einzelnen ist lediglich zu prüfen, „ob es für das Gedeihen und die fernere Entwicklung der Industrie sowohl wie des untrennbar in seinen Interessen mit ihr verbundenen Handels vorteilhaft ist oder nicht, wenn Erfindern ein ausschließliches Eigentumsrecht auf ihre Erfindungen gegeben wird[7])".

Der so zunächst grundsätzlich gewonnene volkswirtschaftliche Standpunkt ist in der besonderen Ausgestaltung, die wir noch kennen lernen werden, von größter Tragweite und von ausschlaggebender Bedeutung geworden.

---

[1]) Abgedruckt in Fauchers „Vierteljahrsschrift", 2. Jahrg., 1864, Bd. I, S. 198. In dem Rundschreiben wurden wieder die Schwierigkeiten der Vorprüfung hervorgehoben und auf das Rundschreiben von 1853 hingewiesen, das diese Frage besonders behandelte. Vgl. oben S. 21.

[2]) Nach seiner Angabe in „Lebenserinnerungen", l. c. S. 186, schon seit 1859. Nach Ausweis der im Siemensarchiv noch vorhandenen Urkunden trat er Anfang 1855 in die Kaufmannschaft ein und wurde am 29. Dez. 1860 in das Ältestenkollegium gewählt.

[3]) In dem Entwurf einer Rede aus 1869 sagt er, sein öffentliches Auftreten für die Patentfrage sei geschehen, „weil meine amtliche Stellung als Referent der hiesigen Handelskammer in der Patentfrage mich verpflichtete, meine Überzeugung geltend zu machen". Die Handelskammer der Mark Brandenburg war damals durch das Ältestenkollegium der Berliner Kaufmannschaft dargestellt.

[4]) Die Denkschrift wurde als positive Vorschläge zu einem Patentgesetz zuerst abgedruckt in Fauchers „Vierteljahresschrift", 1864, Bd. I, S. 200; dann 1869 von ihm selbst neu herausgegeben und auch in seine „Wissenschaftlichen und technischen Arbeiten" (2. Aufl., S. 549) aufgenommen (vgl. auch S. 39[1]).

[5]) „Wissenschaftliche Arbeiten", l. c. S. 549.

[6]) l. c. S. 550. [7]) l. c. S. 550.

Wenn auch die Erkenntnis an sich nicht neu war, daß dem Erfinderschutz eine volkswirtschaftliche Bedeutung zukomme, so hatte man doch noch niemals zuvor einen rein volkswirtschaftlichen Grundsatz zum Leitgedanken der Patentgesetzgebung gemacht. Man hatte regelmäßig andere Gedanken mit hineingearbeitet und oft genug diese anderen Gedanken ganz in den Vordergrund gerückt; so vor allem den Gedanken vom natürlichen Rechtsanspruch des Erfinders und vom geistigen Eigentum, der in Anbetracht der höchst unsicheren Grundlagen, auf denen er ruhte, immer wieder aus den oben schon behandelten Gründen in die Irre führen mußte und darum schärfsten Widerspruch hervorrief. Die Gründe der Gegner des Patentschutzes liefen ja zumeist darauf hinaus, daß man sagte: durch den natürlichen „moralischen" Anspruch des Erfinders werden nicht solche weitgehende Zugeständnisse gerechtfertigt, wie sie jedes Patentgesetz machen muß, wenn es überhaupt praktischen Wert haben soll. Die Anwendung des Gedankens vom geistigen Eigentum führe zu unlösbaren Widersprüchen[1]). Die im wesentlichen auf diesem Gedanken aufgebauten Gesetze — vor allem das preußische Gesetz — zeigen klar, daß auch für die Volkswirtschaft nichts Gutes dabei herauskomme. Siemens konnte alle diese Gründe ganz unerörtert lassen. Sein Gedankengang wurde davon nicht berührt. Er zeigte einen neuen Weg und zeigte, wie wir noch sehen werden, daß dieser Weg gangbar ist; ja, er führte später selbst auf diesem Wege, bis das Ziel erreicht und sein Gedanke bis in alle Einzelheiten verwirklicht war.

Der rein volkswirtschaftliche Gedanke gab zunächst den auseinanderstrebenden Geistern einheitliche Richtung und gab einen Maßstab für die Wertung dieser oder jener Vorschläge. Der Bedeutung, die seine Wendung für die Begründung und die Ausgestaltung eines Patentgesetzes hatte, war er sich auch im vollen Umfang bewußt. Er hat diesem Gedanken in allen Beratungen, die späterhin über das Patentgesetz stattfanden, immer von neuem Ausdruck gegeben. Er sagte später einmal, es sei unangemessen, auf das Erfinderrecht zu pochen. Ein solches Recht sei sehr bestritten, „während wir gerade dadurch viel Terrain gewonnen haben, daß wir die Forderung des Erfindungsschutzes durch wirtschaftliche Gründe motiviert haben"[2]).

Noch schärfer betont er diesen Standpunkt und überhaupt seine persönliche Stellungnahme zu der Patentfrage, als ihm später von gewisser Seite selbstsüchtige Beweggründe für seine Teilnahme an dem Kampf um das Patentgesetz untergeschoben wurden: „Es ist eine falsche Ansicht, daß Großindustrielle, wie Sie sie nennen, direkte

[1]) Man vgl. das S. 6 ff. Gesagte. — Die damals geläufigen Gründe dafür, daß die „Berechtigung des Erfinders" unmöglich einen „passenden Eckstein für das Patentrechtsgebäude" abgeben könne, hat einige Jahre später Eras, ein Patentgegner, besonders klar zusammengefaßt: Eine Idee entstehe regelmäßig nicht nur in einem Menschen, sondern in vielen, gleichzeitig oder zu verschiedenen Zeiten. Die Anregungen dazu werden außerdem regelmäßig durch die Arbeiten anderer gegeben. Wie könnte da von „Eigentum eines Einzigen" die Rede sein? Ein Patentgesetz, das doch immer alle anderen, die später ganz selbständig dasselbe gefunden haben, vom Ertrag ihrer eigenen Tätigkeit völlig ausschließe, stehe schon darum geradezu im schärfsten Widerspruch zum angeblichen Leitgedanken des natürlichen Rechtes. — Er erinnert ferner an die besonders häufigen Fälle von Erfindungen, die nicht miteinander identisch, sondern nur ähnlich oder verwandt sind. Wie können hier die Rechte gegeneinander abgegrenzt werden, wenn man als Richtschnur lediglich die natürlichen Ansprüche jedes der unabhängig voneinander schaffenden Erfinder nehme? (Eras, „Über Erfindungen und Patente" in „Jahrbuch für Volkswirtschaft" 1869, S. 48—50.) — Eras war Patentgegner, weil er nicht zu erkennen vermochte, wie überhaupt ein Patentgesetz in einer für alle Teile wirklich ersprießlichen Weise gestaltet werden könnte.

[2]) In einem Brief an Becker vom 27. April 1874 (Siemensarchiv).

Vorteile von Patenten hätten; gerade die Großindustrie leidet am meisten unter den Beschränkungen der freien Gewerbetätigkeit, die mit jedem Patentwesen notwendig verknüpft sind. Meine Agitation für ein vernünftiges Patentgesetz basiert weder auf persönlichem Vorteil, den ich davon erwarte, noch auf der unwirtschaftlichen Ansicht des Rechts auf den Schutz geistigen Eigentums. Gerade der Bekämpfung der letzten Anschauung ist meine Tätigkeit hauptsächlich gewidmet gewesen. Ich bin aber durch die reichen Erfahrungen eines langen technischen Berufes zu der unwandelbaren Überzeugung gekommen, daß der technische Fortschritt, von dem gegenwärtig in erster Linie das Wohlbefinden der Völker abhängt, des gesetzlich geregelten Erfindungsschutzes bedarf und daß die Herbeiführung desselben ein zwar sehr schweres aber wichtiges und notwendiges wirtschaftliches Problem ist[1])."

Er setzte seine Theorie immer wieder in Gegensatz zu dem veralteten „Erfinderrecht von Gottes Gnaden[2])". Am entschiedensten hat er seinen Standpunkt ausgesprochen in einem Brief vom 11. Januar 1872[3]): „Man kann den Patentschutz für Erfindungen entweder aus allgemeinen Rechtsgrundsätzen als Schutz des geistigen Eigentums herleiten und verteidigen, wie Klostermann und die belgische Gesetzgebung, oder man muß diesen Standpunkt ganz fallen lassen und sich ausschließlich auf den volkswirtschaftlichen Standpunkt stellen. Eine Vermischung beider führt zu Unklarheiten und Halbheiten. Meinerseits verwerfe ich den Standpunkt des geistigen Eigentums als Basis einer Patentgesetzgebung vollständig. Ich habe dies in dem Gutachten des Berliner Ältestenkollegiums schon vor vielen Jahren getan und halte noch heute an den damals ausgesprochenen Ansichten fest."

In anderer Form brachte er den Gedanken am 10. Juni 1883 zum Ausdruck[4]): „Deshalb muß das nationale Interesse und die nationale Industrie voranstehen, denn dazu ist das Patentgesetz geschaffen, daß die Industrie entwickelt werden soll, und nicht, daß die Erfinder besonders gute Geschäfte machen sollen. Das steht erst in zweiter Linie. Man darf die Interessen der Erfinder mit den Interessen der Industrie nicht immer verwechseln. Das Erfinderinteresse darf nur insoweit begünstigt werden, als das industrielle Interesse dadurch gefördert wird, und wo beide Interessen in Konflikt kommen, muß das letztere Interesse in der Gesetzgebung immer vorangestellt werden. Unsere Industrie soll blühen und Fortschritte machen, und dazu ist die Erfindungstätigkeit nötig, aber nicht als Ding für sich."

In seinen „Lebenserinnerungen" sagt er, daß gerade durch diese volkswirtschaftliche Grundlage der Patentgesetzgebung sogar die „Freihandelspartei strenger Observanz" sich beruhigt habe, so daß dadurch endgültig die Bahn für das Patentgesetz freigemacht wurde[5]).

Diesem hier zunächst allgemein umrissenen volkswirtschaftlichen Grundsatz

[1]) Schreiben an die Redaktion der Nationalzeitung vom 14. März 1875 (Siemensarchiv).

[2]) Schreiben vom 15. März 1875 an André (Siemensarchiv).

[3]) Preßkopie im Siemensarchiv. — Empfänger des Briefes war vermutlich André. Wir werden auf diesen Brief noch weiter zurückkommen.

[4]) In einer Beratung, die auf Veranlassung des Vereins deutscher Ingenieure in Berlin wegen der Frage einer Umgestaltung des Patentgesetzes stattfand — nach einem hektographierten Abdruck des Stenogr. Berichts (vgl. S. 68).

[5]) „Lebenserinnerungen", l. c. S. 260/261.

gab er nun gleichzeitig eine besondere eindeutige Ausprägung: Das Patent soll lediglich ein Mittel sein, um zur Beschleunigung des Fortschrittes der Gesamtheit die rasche und vollständige Veröffentlichung neuer brauchbarer, technischer Gedanken und Erfahrungen zu erzielen und gleichzeitig, soweit möglich, deren wirkliche Durchführung im Inland im Interesse der Allgemeinheit zu fördern.

Die Lage ist so: Die Allgemeinheit wünscht einen reichen Zustrom neuer Gedanken. Der Besitzer eines neuen Gedankens hat schlechtweg die Macht, ihn anderen mitzuteilen oder dies zu unterlassen. Oft bedarf es keines besonderen Mittels, ihm den Gedanken zu entlocken. Ehrgeiz und Eigennutz treiben ihn, damit bald hervorzutreten, zumal für ihn die Gefahr besteht, daß andere ihm zuvorkommen; denn solche Gedanken sind erfahrungsgemäß so sehr durch die jedermann zugänglichen Naturerkenntnisse und durch die allen gemeinsamen Einflüsse der Umwelt bedingt, daß fast jeder gute Gedanke viele Male von verschiedenen Menschen unabhängig gedacht wird. Die Erfahrung lehrt aber, daß dennoch in unzähligen Fällen die Besitzer neuer technischer Gedanken damit solange wie möglich zurückhalten, daß vieles dabei für immer verloren geht und der Fortschritt erheblich verzögert wird. Das Patent nun soll dem Besitzer eines neuen Gedankens einen Vorteil bieten, der ihn bewegt, sein Geheimnis rasch und vollständig der Allgemeinheit preiszugeben. Es soll ihn gleichzeitig anreizen, für die weitgehende praktische Durchbildung seines Gedankens Opfer zu bringen, die er sonst vielleicht nicht darangesetzt hätte.

Um diesen Zusammenhang nach allen Richtungen eindringlich zu entwickeln, geht Siemens in den „Vorschlägen“ zunächst auf einige besonders handgreifliche Nachteile ein, die das Patentwesen mit sich bringt, stellt diesen aber sofort eine andere Tatsache gegenüber, nämlich den geschichtlichen Zusammenhang des Aufblühens anderer Länder mit der Patentgesetzgebung dieser Länder. Betrachte man freilich die Verhältnisse in Deutschland, so falle es schwer, einen ursächlichen Zusammenhang zwischen der Patentgesetzgebung und der Entwicklung der Industrie zu erkennen. Er schildert nun die deutschen Verhältnisse, wie wir es bereits oben kennen lernten (S. 16ff.), und er kommt zu einer vollständigen Ablehnung solcher Gesetzgebung. „Die Frage gestaltet sich aber ganz anders, wenn man die Patentgesetzgebungen aller übrigen größeren industriellen Staaten ins Auge faßt[1].“ Alle jene anderen Staaten haben im Gegensatz zu Preußen und anderen deutschen Staaten die Veröffentlichung der patentierten Erfindungen, und die durch solche Veröffentlichung „bewirkte Verbreitung neuer Ideen ist das eigentlich treibende Rad, welches die Industrie aller Länder in ihrem rapiden Entwicklungsgang erhält[2].“ „Gibt es andere, einfachere und weniger lästige Mittel, um die Urheber von Erfindungen zu veranlassen, dieselben sogleich und vollständig zu veröffentlichen und dadurch die in ihnen liegenden neuen Gedanken zum Gemeingut zu machen[3]?“ Wenn dem Erfinder dafür ein Alleinrecht der Ausführung winkt, so wird ihn das eigene Interesse zur Veröffentlichung treiben und wird die Geheimniskrämerei beseitigen, „und das ist die wahre rationelle Grundlage eines zweckmäßigen Patentgesetzes[4].“

Diesen Grundgedanken hat er später bei jeder Gelegenheit wieder in Erinnerung

[1] „Positive Vorschläge“ in „Wissensch. Arbeiten“, l. c. S. 552.
[2] l. c. S. 552. [3] l. c. S. 553. [4] l. c. S. 554.

gebracht, besonders eindringlich auf dem Wiener Kongreß[1]), aber auch noch 1886, als es galt, das inzwischen seit 10 Jahren wirksame deutsche Reichspatentgesetz umzugestalten: „Ich glaube, wir müssen das immer im Auge behalten, daß die schnelle Veröffentlichung der neuen Erfindungsgedanken der wesentliche Wert der Patente vom national-ökonomischen Standpunkt aus ist[2]).“ Es mag vorkommen, daß ein Patent schlecht abgefaßt ist oder eine wertlose Sache betrifft, „aber die Veröffentlichung hat ihren Nutzen, ihre national-ökonomische Wirkung gehabt[3]).“

In der Tat ist wohl dieser engere Siemenssche Leitgedanke der einzige, der unsere moderne Patentgesetzgebung zu rechtfertigen vermag. Wäre der moralische Anspruch und das Interesse des einzelnen die Richtschnur für das Patentgesetz gewesen, so möchte man bezweifeln, ob es den ungeheuren Aufwand von Zeit und Mühe überhaupt gelohnt hätte. Auf alle Fälle hätte das Gesetz ein ganz anderes Gesicht bekommen müssen, wenn man es ohne Rücksicht auf den volkswirtschaftlichen Gedanken lediglich auf jene andere Grundlage gestellt hätte.

Auch über diese Seite der Frage hat sicherlich das Auftreten von Werner Siemens wachsende Klärung herbeigeführt. Selbst diejenigen, die ursprünglich wesentlich andere Anschauungen verfochten, lenkten allmählich ein. André[4]) z.B., der ursprünglich sehr zu dem Standpunkt des moralischen Rechts der Erfinder neigte, hatte sich in längerem Zusammenwirken mit Siemens offensichtlich immer mehr von der überragenden Bedeutung des volkswirtschaftlichen Gesichtspunktes überzeugt. Auf der Hauptversammlung des Vereins deutscher Ingenieure im Herbst 1874 sagte er: „Durch angemessenen Patentschutz wird nicht bloß dem Erfinder das, was ihm gebührt, gewährt, sondern vor allen Dingen der Fortschritt der Industrie gefördert und die rasche Kenntnis und Verbreitung der Erfindungen im Gegensatz zur Geheimniskrämerei sichergestellt. Dieser Gesichtspunkt muß stets und immer wieder ins Auge gefaßt werden, um die Sache richtig und in weiteren Kreisen zum Verständnis zu bringen[5]).“

Ähnlich erging es Klostermann[6]), der von etwa 1874 an mit Siemens in regem Verkehr stand. Ende der sechziger Jahre steht er noch ziemlich einseitig auf der Forderung eines Schutzes für das „geistige Eigentum des Erfinders“. Er begründet die Forderung mit „Gerechtigkeit und Politik, öffentlicher Moral und Nutzen[7]).“ In einer vom Verein deutscher Ingenieure gekrönten Preisschrift, die 1874 veröffentlicht wurde[8]), gibt er als Zweck der Patentgesetzgebung zwar einen volkswirtschaftlichen Grund an: die Vorteile, die der Patentschutz bietet, sollen eine Beloh-

---

[1]) Er hatte u. a. den Bericht über die Frage der Veröffentlichung der Patentbeschreibungen. Er beschränkte diesen Bericht auf den monumentalen Satz: „Die Veröffentlichung liegt im volkswirtschaftlichen Interesse. Ich bitte um Einstimmigkeit.“ Ohne jede Diskussion wurde nun sofort abgestimmt und einstimmig angenommen (vgl. Amtl. Bericht, S. 124).

[2]) „Stenographische Berichte über die Verhandlungen der Enquete in betreff der Revision des Patentgesetzes“ 1887, S. 22.

[3]) l. c.

[4]) André war Ende der sechziger Jahre Stadtsyndikus von Osnabrück, später Oberbürgermeister.

[5]) „Zeitschrift des Vereins deutscher Ingenieure“ 1874, S. 685ff.

[6]) Oberbergrat und Rechtslehrer in Bonn.

[7]) Klostermann, „Das geistige Eigentum an Schriftwerken, Kunstwerken und Erfindungen“, Bd. I, 1867/71, S. 33.

[8]) Klostermann, „Zur Reform der Patentgesetzgebung“ im Sammelband „Die Patentfrage. Sechs Preisschriften . . .“, Köln und Leipzig 1874; (2. Aufl. 1876), S. 1ff.

nung sein, die den Erfinder anspornt, und dieser Antrieb soll mittelbar das Wohl der Gesamtheit fördern[1]).

Aber dieser Belohnungsgedanke hat für die Gesetzgebung keine neugestaltende Kraft. Wenn es sich nur um diesen Gedanken handelte, dann wäre das von allen verworfene alte preußische Patentgesetz vollkommen am Platz gewesen, wenn man es nur etwas weniger willkürlich handhabte.

Die ausschlaggebende, volkswirtschaftliche Bedeutung der Veröffentlichung hat Klostermann damals noch nicht erkannt. Er stellt den Erfinderschutz völlig in Parallele zum Urheberschutz. Auch 1876 sagt er noch, es sei „mit Recht zu fordern, daß den Urhebern wirklich neuer Erfindungen durch die Gesetzgebung derselbe Rechtsschutz gewährt werde, welcher den Verfassern von Werken der Wissenschaft und der Kunst gewährt wird[2]).“ Er leitet dann aber die Notwendigkeit des Schutzes aus einem doppelten Zweck her, nämlich: der Arbeit des Erfinders ihren Preis und gleichzeitig der Gesamtheit die Benutzung der Erfindung zu sichern[3]).

In dem im folgenden Jahr veröffentlichten Aufsatz über „Das Recht des Erfinders“ jedoch ringt er sich durch zu der Erkenntnis eines Wesensunterschiedes zwischen dem Erfinderrecht und dem Eigentumsrecht einerseits und zwischen dem Erfinderrecht und dem Urheberrecht andererseits[4]). In demselben Maße tritt auch bei ihm der volkswirtschaftliche Gedanke immer mehr in den Vordergrund, ohne allerdings bei ihm die Alleinherrschaft zu gewinnen.

Es ist bemerkenswert, daß zu der Eigentumstheorie für die Begründung des Patentschutzes gerade die am stärksten hinneigen, denen die unmittelbare Anschauung und Erfahrung fehlt. Besonders die Juristen konnten sich schwer davon freimachen, weil ihnen die Analogie zum Urheberrecht näher lag als die neuen, volkswirtschaftlichen Interessengebiete, deren tiefstgehende Wurzeln in der Psychologie des Erfindens lagen und deren Früchte dem ungeübten Auge des Fernerstehenden schwer erkennbar waren.

Das von Frankreich in die Welt gesandte Schlagwort vom „Eigentum“ des Erfinders hatte seine Bannkraft selbst Anfang der siebziger Jahre noch immer nicht verloren, trotzdem es, wie wir sahen, in Frankreich schon in den ersten Monaten sich gezeigt hatte, wohin die Überspannung und gesetzgeberische Überwertung dieses Begriffes führt[5]). Auch Siemens' Freund Rosenthal hielt an der Eigentumstheorie fest, verquickte sie aber immerhin so weitgehend mit volkswirtschaftlichen Gesichtspunkten, daß diese auch für ihn entscheidenden Einfluß auf die Ausgestaltung

---

[1]) l. c. S. 7, 17.

[2]) In der 2. Aufl. des II. Bd. seines schon erwähnten Werkes über „Das geistige Eigentum . . .“, S. 8. — Die erste Auflage erschien 1869.

[3]) l. c. S. 26.

[4]) Archiv für Deutsches Handels- und Wechselrecht, Bd. 35 aus 1877, S. 14: „Es fehlt also ganz an der Voraussetzung, welche, wie der körperliche Besitz dem Eigentum, so dem Erfinderrecht zur natürlichen Grundlage dienen könnte“; ferner S. 13: „Niemals können zwei Schriftsteller unabhängig voneinander dasselbe Trauerspiel oder zwei Künstler dasselbe Gemälde schaffen. Deshalb genügt beim Urheberrecht die auf Anerkennung dieses Rechts lautende Rechtsregel und die Hervorbringung des Werkes als rechtserzeugende Tatsache, um das subjektive Recht des Urhebers existent zu machen. Bei der Erfindung verhält es sich anders. Nicht bloß können zwei Personen unabhängig voneinander dieselbe Erfindung machen . . .; die Individualität der Erfindung beruht überhaupt nicht auf der äußeren Gestalt des vom Erfinder hervorgebrachten Gegenstandes, sondern auf gewissen Regeln, deren Anwendung einen bestimmten Effekt hervorbringt.“

[5]) Vgl. S. 7 ff.

des Gesetzes bekamen[1]). Überhaupt dauerte es ziemlich lange, bis die Siemensschen Gedanken in größerem Umfang aufgenommen wurden. Von den schon obenerwähnten sechs Preisschriften des Vereins deutscher Ingenieure[2]) war nur eine einzige, die den Siemensschen Leitgedanken — wenn auch nicht zur Grundlage genommen, so doch wesentlich mit verwertet hatte[3]). Dieser Gedanke aber war es, der ein deutsches Patentgesetz überhaupt erst ermöglichte. Aus diesem Leitgedanken ergab sich auch die ganze weitere Stellungnahme Siemens' und die Ausgestaltung des Gesetzes mit innerer Notwendigkeit.

Im einzelnen waren ja fast alle denkbaren Maßnahmen schon einmal vorgeschlagen oder sogar hier oder da eingeführt: Vorprüfung oder Prüfungslosigkeit; lange Dauer, kurze Dauer; Gebührenfreiheit oder gleiche oder steigende Jahresabgaben; Geheimhaltung oder Veröffentlichung. Ein scheinbar enger Kreis, in dem man sich so oder so entschließen mußte. Aber es mangelte an Erfahrung; man hatte keinen Leitfaden für die richtige Wahl, und die überzeugende Kraft jedes Vorschlags fehlte. Es war ein unsicheres Tappen im Dunkeln. Es galt, aus dieser Unsicherheit herausführen.

Als erste Forderung ergibt sich ihm: Die Veröffentlichung muß schnell geschehen und muß vollständig und glaubwürdig sein. Das bedarf keiner weiteren Begründung mehr.

Die Dauer des Schutzes muß so groß bemessen werden, als es die Erreichung des Zweckes erfordert. Dabei ist aber nicht nur darauf zu achten, daß die ausreichende Dauer den Erfindern den Ansporn zu recht vielen Anmeldungen geben soll; die Allgemeinheit hat vielmehr auch daran ein Interesse, daß dem Erfinder ein ausreichender Zeitraum gewährleistet wird, um seine Erfindung durchzubilden[4]). Dann erst wird die „Vaterliebe, die jeder Erfinder für seine Idee in sich trägt", ihn als den besten „natürlichen Vormund und Sachwalter seiner Erfindung" in den Stand setzen, besser als irgendein anderer die Fortarbeit an seiner Idee zu leisten, an der die Allgemeinheit selbst ein großes Interesse hat; denn „nicht in den Ideen, die oft unbeachtet verhallen, sondern in ihrer mühsamen und vollständigen Durcharbeitung liegt das wahre Verdienst und der Nutzen der Erfindung für die Welt[5])."

Über die Dauer der Patente macht Siemens keine bestimmten Vorschläge. Es ist eine reine Zweckmäßigkeitsfrage, die aus der Erfahrung entschieden werden muß. Ihm schweben aber offenbar etwa 15 Jahre als notwendig und ausreichend vor[6]). Während dieser Dauer braucht ja auch den anderen die Erfindung selbst nicht vollständig verschlossen zu sein. Der Regel nach wird der Erfinder aus freien Stücken anderen gegen Entschädigung die Ausführung gestatten[7]).

---

[1]) Vgl. Rosenthal, „Das deutsche Patentgesetz" 1877; ferner die Rosenthalsche Preisschrift „Der Erfindungsschutz vor dem Forum der gesetzgebenden Faktoren" in d. Sammlung „Die Patentfrage" 1874.

[2]) Vgl. S. 26, Fußnote [8]).

[3]) Es war die Preisschrift von L. Kayser, l. c., S. 139f.

[4]) Die hohe Wertung der Durchbildung war wesentlich bedingt durch seine Erfahrungen als Erfinder und Industrieller. Vgl. hierzu das oben S. 14 Gesagte.

[5]) „Positive Vorschläge", l. c. S. 555.

[6]) Vgl. „Positive Vorschläge", l. c. S. 555ff.

[7]) l. c. S. 555. — Später schlug Siemens vor, es dem Patentinhaber sogar zur Pflicht zu machen, daß er jedem gegen angemessene Entschädigung die Mitbenutzung gestattete. Vgl. S. 52ff., 62.

Eine weitere Forderung, die sich aus dem volkswirtschaftlichen Gedanken ergibt, ist der „Grundsatz der mit der Dauer des Patentes steigenden Abgaben des Erfinders an den Staat“. Steigende Abgaben sind schon von der Polytechnischen Gesellschaft seinerzeit vorgeschlagen worden, aber aus fiskalischen Gründen[1]). Für Siemens haben sie eine ganz besondere volkswirtschaftliche Bedeutung. Dem Erfinder soll es durch anfangs niedrige Gebühren zunächst ganz leicht gemacht werden, ein Patent zu bekommen, dann aber soll er durch die steigenden Gebühren genötigt werden, seine Erfindung möglichst vorteilhaft auszugestalten und zu verwerten. Wenn sich dies aber als unmöglich erweist, oder wenn es aus anderen Gründen unterbleibt, dann sollen ihn die immer steigenden Kosten zur Aufgabe seines dann nicht mehr gerechtfertigten Patentbesitzes nötigen.

In Frankreich beispielsweise habe man unter einer Überflutung des Publikums mit nutzlosen, hemmenden Patenten zu leiden, weil man kein solches Mittel habe, „um die tote Last der nutzlosen Patente zu beseitigen“. Dies beruhe auf dem „unwirtschaftlichen Prinzip des geistigen Eigentums“, das als Leitgedanke der französischen Gesetzgebung anzusehen sei[2]).

Ein weiteres Mittel, um die lästige Menge wertloser oder gar ungerechtfertigter Patente zu verringern, sieht er in der Vorprüfung. Damit stellt er sich in Gegensatz zu den Vorschlägen, die früher die Polytechnische Gesellschaft ausgearbeitet hatte. Zunächst will er allerdings nicht soweit gehen, daß diese Vorprüfung zu einer Versagung des Patentes führen soll. Die Behörde soll dem Anmelder gegebenenfalls nur den Rat geben, seine Anmeldung zurückzuziehen. Geht dieser darauf nicht ein, dann wird das Patent ausgefertigt und zusammen mit dem abratenden Urteil der Behörde veröffentlicht. Zu einer entscheidenden Vorprüfung nach Art der in Preußen üblichen konnte er sich nicht entschließen, angesichts der traurigen Erfahrungen, die er selbst damit gemacht hatte. Dazu kam, daß von vielen anderen Seiten jede Vorprüfung überhaupt verworfen wurde, weil man damit zu sehr dem Urteil einer Behörde ausgesetzt sei, die sich gerade neuen Ideen nicht immer gewachsen zeigte. Erst später, als der Gedanke einer Beschwerdeinstanz gegen die amtliche Entscheidung und einer Ergänzung der Prüfung durch ein Aufgebotsverfahren mit allgemeinem Einspruchsrecht sich voll entwickelt hatte, waren die Bedenken gegen das Prüfungsverfahren fast überall beseitigt.

Noch einen besonders weittragenden Gedanken brachte er zum Ausdruck; einen Gedanken, der bis heute noch nicht verwirklicht werden konnte, aber als letztes Ziel sicherlich von allen gebilligt wird, nämlich: „Wir können nur in einem internationalen oder doch mindestens das ganze Zollgebiet umfassenden einheitlichen Patentgesetz mit gemeinschaftlichen Institutionen einen völlig befriedigenden Abschluß dieser schwierigen und für die fernere gedeihliche Entwicklung der Industrie und des Handels überaus wichtigen Frage erkennen[3]).“

---

[1]) Die Anregung war vermutlich von Jobard gegeben, der schon früher die jährlich steigenden Abgaben vorschlug und auch der Polytechnischen Gesellschaft seine Vorschläge unterbreitet hatte. Vgl. oben S. 8 und 20.

[2]) l. c. S. 557.

[3]) l. c. S. 560. — Wie weit er dabei den Begriff „international“ faßte, ob er insbesondere an ein „Weltpatentgesetz“ dachte, mag dahingestellt bleiben. — Auf dem Wiener internationalen Patentkongreß 1873 wurde die Frage berührt, ob man ein internationales Patentgesetz erstreben solle. Siemens bemerkte damals dazu, er würde es von ganzem Herzen befürworten, daß nur ein einziges Patentgesetz

Der Erfolg war überraschend. Die patentfeindliche Stimmung war damals fast zur Alleinherrschaft gekommen. Besonders die Freihandelspartei lehnte Erfindungspatente ab und betrachtete sie als ein Überbleibsel der alten Monopolwirtschaft. Die Handelskammern waren fast alle freihändlerisch gesinnt. Auch das Ältestenkollegium der Berliner Kaufmannschaft bestand „aus lauter entschiedenen Freihändlern[1]).“ Werner Siemens' Darlegungen nun wirkten so überzeugend, daß das ganze Kollegium auf seine Seite trat, seine Ausarbeitung einstimmig als Gutachten der Handelskammer annahm und weitergab und den übrigen Handelskammern des preußischen Staates dieses Gutachten mitteilte mit der Wirkung, daß wenigstens diejenigen, die sich nicht bereits auf die Abschaffung der Patente festgelegt hatten, sich nun ebenfalls dem Berliner Gutachten anschlossen. Das waren aber nur noch einige wenige[2]).

Er schrieb darüber in derber Weise an seinen Bruder Karl am 19. Oktober 1863: „Ich habe einen großen Kampf begonnen gegen die ganze Freihandelsmeute, welche die Gesetzgebung in der Welt beseitigen will. Die hiesige Regierung stand schon auf dem Punkte, darauf einzugehen und wollte nur noch die Zustimmungen der Handelskammern haben. Die Kölner und Magdeburger haben sich schon für Aufhebung erklärt. Die Berliner, die ähnlich disponiert war, hat aber mein Memoire mit ganz entgegengesetzten Anträgen angenommen, und zwar e i n s t i m m i g! Ich denke, ich werde nun Verbündete bekommen, die das Maul aufzutun wagen, und wir werden die Strömung noch rechtzeitig umkehren. Auf viele heftige Angriffe muß ich mich freilich gefaßt machen“[3]).

Das Geheimnis seines Erfolges liegt wesentlich in der Klarheit und Einheitlichkeit seiner Anschauungsweise begründet. Die unmittelbar überzeugende Kraft aber verlieh er ihr erst durch die Sorgfalt seiner Ausarbeitung, die es zuwege brachte, daß er mit einfachsten sprachlichen Mitteln die höchste Wirkung erzielte; durch die Wahl einfacher, treffender Worte und feinfühliges Abwägen ihrer Wirkung auf den Leser; durch lückenlose, folgerichtige, geradlinige Fortführung seiner Gedankenreihen ohne störende Um- und Abwege. Wir finden dieselbe Treffsicherheit und Klarheit in allen seinen wichtigeren Arbeiten wieder, und es geht aus seinen gelegentlichen Äußerungen hervor, daß er nach Vollkommenheit in diesem Sinne gestrebt hat[4]), im vollen Bewußtsein der Größe und Bedeutung seiner Aufgabe, angesichts der höchst verwickelten psychologischen und volkswirtschaftlichen Zusammenhänge, die er zu entwirren unternommen hatte.

---

gelten solle, wenn dies durchführbar wäre; doch müsse man sich hüten, jetzt schon zu weitgehende Ansprüche zu machen; das würde nur schaden. Man solle es als Ziel ins Auge fassen, müsse sich aber darüber klar sein, daß es auf lange Zeit hinaus noch nicht zu verwirklichen sein werde. Wohl aber könne man jetzt schon die Regierungen auffordern, gemeinsame Grundlagen für die Patentgesetzgebung durch internationale Verhandlungen festzustellen. In diesem Sinne wurde dann auch beschlossen (Amtl. Bericht S. 235).

[1]) „Lebenserinnerungen“, S. 259.

[2]) Von 47 Handelskammern stimmten diesmal 31 für vollständige Beseitigung der Patente. F a u c h e r, Vierteljahrsschrift 1864, Bd. I, S. 199. Vgl. S. 21, Fußnote [5]).

[3]) „Auswahl von Briefen“, l. c. S. 216.

[4]) „In wenig Worten viel zu sagen ist schwer“, schreibt er in ähnlichem Zusammenhang am 23. März 1876 an seinen Bruder Karl (Siemensarchiv).

IV. Gegen die „Volkswirte" — Verein deutscher Ingenieure (1863—1872).

Das Ansehen der Berliner Handelskammer sicherte der Siemensschen Denkschrift große Beachtung. Vor allen Dingen hat sie wohl mit dazu beigetragen, daß die Regierung zunächst von der geplanten Beseitigung der Patente Abstand nahm. — Die Denkschrift wurde in Fauchers Vierteljahrsschrift abgedruckt und besprochen. Es wird dabei gesagt: „Auf der Seite derjenigen Handelsvorstände, welche sich zugunsten des Patentwesens erklärten, scheint das Gutachten der Ältesten der Berliner Kaufmannschaft mehrfach tonangebend gewesen zu sein. Wir wollen daher diese Denkschrift, welche ihre Sache mit großem Geschick vertritt...., hier vorführen[1])." Es wird dann in Anbetracht des „großen Wertes, den das vorstehende Gutachten auf die Veröffentlichung der Erfindungen legt", noch weiteres angeführt, das diese Auffassung zu unterstützen geeignet ist[2]).

Die Denkschrift fand auch in technischen Kreisen viel Beachtung. Der „Technische Verein für Eisenhüttenwesen", der die bedeutendsten Eisenindustriellen, namentlich der Rheinprovinz und Westfalens, umfaßte, hatte einen Ausschuß mit der Begutachtung der Patentfrage beauftragt und dieser Ausschuß hatte eine Denkschrift ausgearbeitet, die in der Generalversammlung des Vereins am 29. Mai 1864 vom Verein gebilligt wurde[3]). In dieser Denkschrift heißt es: „Bei der Beantwortung dieser Frage teilen wir so vollständig die Ansichten der Ältesten der Kaufmannschaft zu Berlin in ihrer Denkschrift vom 13. Oktober 1863, daß sie teilweise in nachstehendem ihren Ausdruck wiederfinden[4])." Das Gutachten gipfelte in der Forderung von „Erfindungspatenten mit obligatorischer Publikation ihres Inhalts[5])". Man nahm auch einstimmig alle anderen Siemensschen Forderungen an[6]).

Die Siemenssche Denkschrift hat die ganze spätere Entwicklung erheblich beeinflußt. Gensel schreibt darüber im Jahre 1877, als der ganze Kampf beendet und ein Reichspatentgesetz errungen war: „Das Patentgesetz ist unter weniger ernsten Kämpfen zustande gekommen, als man hätte erwarten sollen. Noch vor einigen Jahren schien es, als werde die durch Art. 4, Punkt 5 der Verfassung der Zuständigkeit des Reiches zugewiesene Frage des Patentschutzes ihre Lösung nur im Sinne der Beseitigung dieser Einrichtung finden. Wenn die Lösung anders ausgefallen ist, so wird man das Verdienst zu einem nicht geringen Teil dem Ältestenkollegium der Berliner Kaufmannschaft, dem Verein deutscher Ingenieure und dem im Jahre 1874 begründeten Patentschutzverein zuschreiben dürfen, welche der Gesetzgebung in solcher Weise vorgearbeitet haben, daß die Bedenken der Gegner des Patentschutzes zumeist hinfällig wurden oder doch sehr an Gewicht verloren[7])." Weiter spricht er von dem „von Dr. Werner Siemens abgefaßten Gutachten der Ältesten der Kaufmannschaft von Berlin, dem nachher mehrere andere Handels-

---

1) „Vierteljahrsschrift für Volkswirtschaft und Kulturgeschichte", 2. Jahrg., Bd. I, 1864, S. 193 ff.

2) l. c. S. 208. — Auch ein gegenteiliges Gutachten der Breslauer Handelskammer wird angeführt (l. c. S. 209 ff).

3) „Zur Patentfrage. Zwei Denkschriften ... Herausgegeben vom Verein deutscher Ingenieure", Berlin 1864, S. 7.

4) l. c. S. 61.

5) l. c. S. 84 und 86.

6) l. c. S. 86f.

7) Jahrbuch für Gesetzgebung, Verwaltung und Volkswirtschaft im Deutschen Reich, 1877, Heft 3, S. 47.

vorstände sich angeschlossen haben" und sagt: „Zum ersten Male sind hier in einer amtlichen Schrift nicht nur die Mängel des lediglich auf Belohnung des Erfinders bedachten preußischen Patentgesetzes im Zusammenhange scharf beleuchtet, sondern auch positive Grundsätze für ein Patentgesetz aufgestellt, welches das allgemeine Interesse zur Richtschnur nimmt . . .[1])."

Auch André hat nachdrücklich auf die Bedeutung der Denkschrift hingewiesen[2]). Ebenso hat Landgraf in seiner Preisschrift „Zur Patentfrage" das Gutachten von 1863 als die Grundlage des späteren Gesetzentwurfes hingestellt[3]). In der Vorrede zu der 2. Auflage einer Sammlung von Preisschriften, in der die ebengenannte veröffentlicht ist, hat auch der Verein deutscher Ingenieure die besondere Bedeutung der Siemensschen Denkschrift kurz erwähnt. (Der Name Siemens wird dabei nicht genannt.) Den eigentlichen Umschwung der Meinungen schreibt allerdings an jener Stelle der Verein deutscher Ingenieure erst seiner eigenen späteren Tätigkeit, seinen Petitionen, Gesetzentwürfen und sonstigen Maßnahmen zu. Aber auch an dieser Tätigkeit des Vereins deutscher Ingenieure war Siemens in ausschlaggebender Weise beteiligt. Darauf weist Siemens hin, wenn er in den „Lebenserinnerungen" über den Erfolg seines Schrittes von 1863 sagt: „Dieser günstige Erfolg ermutigte mich später zur Einleitung einer ernsten Agitation zur Einführung eines Patentgesetzes für das Deutsche Reich auf der von mir aufgestellten Grundlage [4])."

Um diesen unmittelbaren Zusammenhang zwischen der Tätigkeit des Vereins deutscher Ingenieure und dem Siemensschen Vorgehen zu überschauen, müssen wir noch einmal zurückblicken, was zuvor der Verein deutscher Ingenieure schon geleistet hatte, und was sonst noch sich ereignete.

Das Vorgehen mehrerer Bundesregierungen im Bundestag gab im Jahre 1861 der Hoffnung auf einheitliche Regelung des Patentwesens in Deutschland neues Leben[5]). So kam es, daß die Hauptversammlung der Deutschen Juristen in Dresden im August 1861 einen Ausschuß beauftragte, ein allgemeines deutsches Patentgesetz zu entwerfen, und daß auch der Verein deutscher Ingenieure im September desselben Jahres einen Ausschuß zur Beratung der Frage einsetzte[6]). Das Unternehmen der Juristen scheint im Sande verlaufen zu sein, der Ausschuß des Ingenieurvereins aber arbeitete Richtlinien aus, deren wichtigste folgende waren: Einheitliche Regelung für ganz Deutschland — Vorprüfung auf Neuheit und Eigenart (keine Wertprüfung) — Veröffentlichung des Gesuches — Einführung einer Berufungsinstanz — Vorbenutzungsrecht — Dauer 10, unter Umständen 15 Jahre, bei steigenden Gebühren. — Man war sich klar darüber, daß das Patentgesetz in erster Linie den Bedürfnissen der Allgemeinheit, aber auch den gerechten Ansprüchen der Erfinder Rechnung zu tragen habe. Diese Vorschläge waren an sich nicht schlecht, aber ihnen fehlte das Rückgrat: der leitende Gedanke und der innere Zusammenhang [7]). Sie vermochten daher weder von der Notwendigkeit einer Patentgesetzgebung überhaupt, noch von der Zweckmäßigkeit der vorgeschlagenen Maß-

[1]) l. c. S. 53.
[2]) Deutsche Industriezeitung 1876, S. 281.
[3]) In „Die Patentfrage. Sechs Preisschriften . . .", l. c. S. 107.
[4]) „Lebenserinnerungen", l. c. S. 260.
[5]) Vgl. S. 21.
[6]) „Zeitschrift des Vereins deutscher Ingenieure" 1861, S. 293.
[7]) Vgl. auch das S. 28 Abs. 2 Gesagte.

nahmen zu überzeugen. Sie wirkten nicht anders, wie irgendeine andere mögliche Zusammenstellung und verschwanden schneller von der Bildfläche als irgendeine.

Die Richtlinien wurden der Hauptversammlung des Vereins im September 1862 vorgelegt. Besonders über die Frage der Vorprüfung wurde viel gestritten. Man fürchtete, daß der Bundestag die Forderung der „Vorprüfung" ablehnen würde. Man hielt die Frage noch nicht für spruchreif und verwies sie abermals an einen Ausschuß [1]).

Inzwischen hatte nun der fachmännische Ausschuß von 7 Mitgliedern, der vom deutschen Bundestag eingesetzt war [2]), Entwürfe ausgearbeitet für Vereinbarungen zwischen den deutschen Bundesstaaten und hatte sie am 16. Mai 1863 mit einer Denkschrift vorgelegt. Diese Entwürfe wurden rasch bekannt [3]). Sie enthielten neben manchem guten Gedanken auch recht bedenkliche Bestimmungen. Nach § 6 des ersten Teiles des Entwurfs sollte auf Antrag des Anmelders Geheimhaltung der Patente zulässig sein; nach § 14 sollte keine Prüfung auf Neuheit und Nützlichkeit stattfinden; nach § 33 sollte durch das Patent weder die Einfuhr noch der Handel mit Gegenständen verboten werden, die mit den patentierten übereinstimmen [4]).

Wahrscheinlich ist hierdurch auch die Arbeit des neuen Ausschusses des Vereins deutscher Ingenieure wesentlich beeinflußt worden. Dieser neue Ausschuß des Vereins gestaltete die Richtlinien seines Vorgängers sehr unvorteilhaft um. Der volkswirtschaftliche Gedanke trat deutlich zurück und die Ansprüche des Erfinders wurden mehr betont. Die Vorprüfung wurde gestrichen und statt dessen ein Aufgebotsverfahren mit Einspruchsrecht vorgeschlagen. Vom Vorbenutzungsrecht und vor allem von der Veröffentlichung der Patente war keine Rede mehr. Kennzeichnend für die damalige Zeit war es, daß man ausdrücklich ein Ausführungsrecht des Erfinders für seine Erfindung vorsah auch für den Fall, daß die Ausführung mit den Ansprüchen der Zünfte in Widerspruch treten sollte [5]).

Die neuen Vorschläge lagen am 1. September 1863 der Hauptversammlung des Vereins deutscher Ingenieure vor. Die Mehrheit stimmte ihnen zu und der Verein beschloß, dafür mit Nachdruck zu werben. Insbesondere sollten diese Grundsätze auf dem vom 14. bis 17. September in Dresden tagenden Volkswirtschaftlichen Kongreß vertreten werden; ferner sollten sie allen deutschen Handelskammern mitgeteilt werden und drittens sollte die Presse bearbeitet werden [6]).

Auf dem Dresdener Kongreß kam die Patentfrage am 14. September zur Sprache. Vorher schon war über die Frage ein „Bericht für den VI. volkswirtschaftlichen Kongreß" von Röhrich erschienen, der zwar vorsichtig vorging, aber doch eindeutig ablehnend schloß [7]). Den Grundton auf dem Kongreß selbst gab Prince-Smith in

---

[1]) „Zeitschrift des Vereins deutscher Ingenieure" 1862, S. 568.

[2]) Vgl. S. 21.

[3]) Abgedruckt in Fauchers „Vierteljahrsschrift für Volkswirtschaft" 1863, Bd. 4, S. 132 ff. — Im folgenden Jahre gab ein Mitglied der Kommission, J. Bitzer, die vollständige Denkschrift nebst dem Entwurf und Erläuterungen dazu heraus (Bitzer, „Vorschläge für ein Deutsches Patentgesetz", 1864).

[4]) Eine ähnliche Bestimmung war schon in der Vereinbarung der Zollvereins-Staaten von 1842 enthalten. (Vgl. S. 20 [5]).)

[5]) „Zeitschrift des Vereins deutscher Ingenieure", 1863, S. 518 ff.

[6]) „Zeitschrift des Vereins deutscher Ingenieure", 1863 l. c.

[7]) Röhrich, „Die Patentgesetzgebung, mit besonderer Berücksichtigung der Vorschläge zur Einführung gleichheitlicher Normen hinsichtlich der Patentgesetzgebung in den deutschen Bundesstaaten. Bericht für den VI. volkswirtschaftlichen Kongreß" 1863.

einem Vortrag „Über Patente für Erfindungen", in dem er an Hand vermeintlicher Erfahrungsergebnisse zu einem schroff ablehnenden Urteil kam [1]). Als Abgesandter des Vereins deutscher Ingenieure kämpfte Philipson vergeblich gegen die Übermacht der Theoretiker. Wohl erkannte man — zum Teil weit klarer sogar, als es in den Verhandlungen und Richtlinien des Ingenieurvereins zum Ausdruck kam —, daß es lediglich darauf ankomme, ob ein Patentgesetz das Gemeinwohl fördere oder nicht, und daß hierüber nur die Erfahrung entscheiden könne. Aber gerade an dieser Erfahrung fehlte es und man konnte recht kindliche Anschauungen hören[2]). Die rückschrittlichen Richtlinien des Ingenieurvereins waren auch nicht gerade dazu angetan, die Gegner eines Besseren zu belehren. Philipson unterstützte einen Antrag auf Vertagung und erneute Prüfung durch einen Ausschuß, weil eine vorzeitige Stellungnahme die Handelskammern beeinflussen könne, die fast durchweg den Fragen ferner ständen und schon durch die suggestive Form der Rundfrage des Preußischen Ministeriums beeinflußt seien[3]). Der Kongreß beschloß aber mit großer Mehrheit eine von Prince-Smith abgefaßte Erklärung, wonach Patente das Zustandekommen von Erfindungen erschweren, deren allgemeine Anwendung hemmen und auch den Erfindern selbst mehr schaden als nützen. — Dadurch ist viel Unheil angerichtet worden und auch unter den Handelskammern viel Verwirrung entstanden.

Zur selben Zeit, als dieser Beschluß gefaßt wurde, entstand die Siemenssche Denkschrift, die wir schon oben ausführlich besprochen haben. Sie war volkswirtschaftlich richtig eingestellt und rückte das in den Vordergrund, was die Industrie und die Gesamtheit fördern und auch die Freihändler überzeugen konnte. Wir haben gesehen, welche Wirkung damit erzielt wurde.

Der Verein deutscher Ingenieure veröffentlichte 1864 seine Richtlinien zusammen mit zwei Denkschriften in einer Schrift „Zur Patentfrage". Die eine dieser Denkschriften war die vom „Technischen Verein für Eisenhüttenwesen", die sich ganz auf das Siemenssche Gutachten stützte [4]). Durch deren Veröffentlichung hielt sich offenbar der Ingenieurverein, der formal auf seinen Richtlinien bestehen blieb, einen Ausweg offen. Diese Richtlinien für sich allein hätten um so nachteiliger wirken können, weil sie prüfungsfeindlich waren und weil besonders auch die preußische Regierung befürchtete, daß jede Beeinträchtigung der Vorprüfung die Allgemeinheit schädigen müsse.

Es bestand hier ein scheinbar unüberbrückbarer Zwiespalt. Von allen Seiten ertönten wohlbegründete Klagen über die Vorprüfung; die Regierung aber und viele mit ihr waren überzeugt, daß es ohne Vorprüfung doch nicht gehen könne. Gerade darauf war die Neigung der Regierung zurückzuführen, das Patentwesen überhaupt abzuschaffen. Man hielt es für unmöglich, eine befriedigende Lösung zu finden. Das Siemenssche Gutachten gab ein Gegengewicht sowohl zu den Richtlinien des Vereins als auch zu den freihändlerischen Anschauungen, die durch den Dresdener Kongreß erheblich gestärkt und weiter verbreitet worden und bei den volkswirtschaftlichen Theoretikern fast zur Alleinherrschaft gelangt waren. Das Siemenssche Gutachten trug jedenfalls dazu bei, daß es in den nächsten Jahren ziemlich still war von der ganzen Frage. Ein weiterer Grund für dieses vorüber-

---

[1]) Abgedruckt in Fauchers „Vierteljahrschrift für Volkswirtschaft" 1863, Bd. 3, S. 150 ff.

[2]) Vollständiger Bericht über die Sitzung in Fauchers „Vierteljahrsschrift für Volkswirtschaft" 1863, Bd. 3, S. 221 ff.

[3]) l. c. S. 235.

[4]) Vgl. oben S. 31.

gehende Abflauen lag in den Kriegsereignissen und in dem die Regierung stark beschäftigenden staatlichen Aufbau Deutschlands.

Siemens kam in jener Zeit als Abgeordneter und Mitglied der Gewerbe- und Handelskommission mit mancherlei Fragen des gewerblichen Rechtsschutzes in Berührung, die zum Teil wohl mit der Erneuerung des Zollvereinsvertrages im Zusammenhang standen[1]). In der eigentlichen Patentfrage jedoch hörte man ein paar Jahre lang fast nichts. Dann aber regte sich bei der preußischen Regierung wieder die patentfeindliche Richtung.

Delbrück, der preußische Staatsminister, war Freihändler und erklärter Anhänger dieser Richtung. Er war Stellvertreter Bismarcks und hatte auf dessen Entschlüsse viel Einfluß.

Bismarck stellte nun am 10. Dezember 1868 beim Bundesrat den Antrag, durch den Ausschuß für Handel- und Verkehr die Frage prüfen zu lassen, ob künftig überhaupt noch Patentschutz gewährt werden solle. Der Antrag wurde ausdrücklich auch damit begründet, daß es unmöglich scheine, ein befriedigendes Patentgesetz zu entwerfen[2]).

Um dieselbe Zeit wurden Nachrichten verbreitet, daß auch in anderen Staaten die Patente abgeschafft werden sollten[3]).

Nun wurden wieder alle Kräfte lebendig. Siemens schreibt am 18. Januar 1869 an seinen Bruder Wilhelm in London[4]): „Wie Du wohl erfahren hast, hat Preußen beim Norddeutschen Bundesrat jetzt den Antrag gestellt, die Erfindungspatente ganz zu beseitigen. Man scheint darauf zu rechnen, daß Mr. Bright als Minister dort jetzt in demselben Sinne vorgehen wird[5]). Es ist jetzt eine Agitation gegen Aufhebung und für ein ordentliches Patentgesetz im Gange. Der Ingenieurverein hat sich im Sinne meines früheren Gutachtens ausgesprochen, die Chemische Gesellschaft (unter Hofmann) legt dasselbe ihren gegenwärtigen Beratungen zugrunde. Ich will eine Petition der norddeutschen großen Industriellen in diesem Sinne an das Parlament ins Leben rufen. Schicke doch hierfür Material aus England und kommt uns von dort zu Hilfe. Der Bundesrat hat bereits zugestimmt, und wenn das Parlament nicht nein sagt und statt dessen einen guten Gesetzentwurf annimmt, so ist ein gefährliches Präzedenz für die ganze Welt gegeben! Die Sache ist sehr wichtig und eilig . . .“

Um dieselbe Zeit setzte er sich mit dem Verein deutscher Ingenieure in Verbindung, um mit diesem gemeinsam vorzugehen. Dieser Verein hatte, wie wir bereits sahen, den Siemensschen Gedankengängen durchaus nicht feindlich gegenübergestanden, wenngleich seine eigenen Richtlinien sich nicht damit deckten. Er hatte sich auch inzwischen zu etwas klarerer Erkenntnis durchgerungen. Dies kam in einer noch vor Ablauf des Jahres 1868 herausgegebenen Denkschrift des Vereins zum Ausdruck, die einem Beschluß der Hauptversammlung des Vereins vom

---

[1]) Sein ungedruckter Briefwechsel aus 1865 gibt darüber einige Fingerzeige (Siemensarchiv).

[2]) Hirths „Annalen des Norddeutschen Bundes und des Deutschen Zollvereins“ 1869, S. 33 ff.

[3]) Tatsächlich wurde nicht nur in Deutschland, sondern auch in England und vor allem in Frankreich seit langem heftig gegen das Patentwesen gekämpft. Besonders bei Gelegenheit der Londoner Ausstellung 1862 war die Frage viel erörtert worden. Vgl. Bitzer, „Vorschläge für ein Deutsches Patentgesetz“ 1864, S. 110, 133 ff. — In den Niederlanden wurde noch 1869 das Patentgesetz ganz aufgehoben.

[4]) „Auswahl von Briefen“, S. 306.

[5]) Wegen des Vorgehens in England vgl. auch die S. 41 und 42 angeführten Briefe von Werner Siemens an Karl Siemens vom 5., 15. und 19. April 1872.

September 1868 entsprang[1]). Diese Denkschrift hielt im wesentlichen noch an den Richtlinien des Vereins vom September 1863 fest. Die Vorprüfung verwarf man: „Die preußische Voruntersuchung ist weder durchführbar, noch gerechtfertigt[2]).“ „Die Voruntersuchung, wie sie in Preußen besteht, mit der Verpflichtung der Behörde, von Amts wegen zu prüfen, ist — man kann wohl sagen — widersinnig, von der Berechtigung und Verpflichtung vollends zu schweigen, auch den Wert der Erfindung zu beurteilen[3]).“ Dagegen war man nun für unbedingte Veröffentlichung: „Nicht minder verkehrt als die Voruntersuchung ist der Mangel an amtlicher Veröffentlichung[4]).“ Der volkswirtschaftliche Gesichtspunkt trat aber trotzdem in den Hintergrund. Zwar war man sich klar über das, was die Erfindung vom Schrift- oder Kunstwerk unterscheidet; besonders, „daß eine Erfindung, wenn sie auch Geheimnis bliebe, doch über kurz oder lang von einem anderen gemacht und bekannt werden würde[5])“. Man berief sich sogar auf das Siemenssche Gutachten von 1863[6]). Dennoch aber konnte man den Gedanken des Eigentumsschutzes noch nicht los werden: „Warum dem Erfinder weigern, was dem Schriftsteller bereitwillig zugestanden wird[7])?“ „Der Erfinder hat moralischen Anspruch auf Schutz[8]).“

Als nun am 10. Dezember 1868 der Bundeskanzler beim Bundesrat die Abschaffung des Patentschutzes überhaupt anregte, rief dies, wie wir gesehen haben, bei Siemens und bei dem Verein deutscher Ingenieure ziemliche Erregung hervor und führte unmittelbar zu dem Zusammengehen beider. Siemens selbst gehörte damals dem Verein deutscher Ingenieure nicht an und trat ihm auch in der nächsten Zeit nicht bei. Er wandte sich zunächst an Becker, den Vorsitzenden des Vereins, und erhielt bald darauf 20 Exemplare der neu erschienenen Vereinsdenkschrift zu Werbezwecken. Der Vorsitzende des Ausschusses, Gärtner, stellte ihm seinen Besuch zur Beratung weiterer gemeinsamer Schritte in Aussicht[9]) und empfahl Siemens, einen Sonderdruck seiner Denkschrift der Berliner Kaufmannschaft von 1863 an sämtliche Mitglieder des Bundesrats und des Reichstags zu schicken. Er berief sich dabei auf das Urteil von Dr. Bernstein[10]), wonach diese Denkschrift „wohl mit das Beste enthält, was in der Sache überhaupt angebracht ist[11])“.

Die Sache kam zunächst sehr langsam voran. Der Verein hatte seine eigene schon erwähnte Denkschrift allen Mitgliedern des Bundesrats und des Reichstags übersandt. Die Presse aber hatte sich meist gegen die darin gestellten Forderungen ausgesprochen.

Im September 1869 beauftragte der Verein den schon seit dem Vorjahr bestehenden Ausschuß, einen vollständigen Gesetzentwurf auszuarbeiten, weil ein solcher Entwurf am besten die Meinung der Regierung widerlegen könnte, daß ein brauchbares Patentgesetz überhaupt nicht möglich sei[12]). Der Ausschuß bestand aus den

---

[1]) „Zur deutschen Patentgesetzgebung“, Osnabrück 1868. — Unterzeichnet ist die Denkschrift von Gärtner, Wintzer und André.

[2]) l. c. S. 4. [3]) l. c. S. 5. [4]) l. c. S. 5.

[5]) l. c. S. 8, Anm.

[6]) l. c. S. 11. [7]) l. c. S. 8. [8]) l. c. S. 9.

[9]) Was damals über das Zusammenarbeiten vereinbart wurde, ist aus dem Siemensarchiv anscheinend nicht mehr feststellbar.

[10]) Redakteur der Volkszeitung.

[11]) Schreiben von Gärtner vom 22. Januar 1869 (Siemensarchiv).

[12]) „Zeitschrift des Vereins deutscher Ingenieure“ 1869, S. 709.

Herren Wintzer und Gärtner, die den schon obenerwähnten André als juristischen Beirat wählten[1]). Aber für die Sache selbst geschah vorerst so gut wie nichts.

Inzwischen tobte ringsum ein scharfer Kampf um die Patentfrage. Zahlreiche Schriften von Gegnern und Verteidigern erschienen. Die sog. „Antipatentbewegung" schien den Sieg davontragen zu sollen. Böhmert konnte damals triumphierend ausrufen: „Die Patente sind reif zum Fallen und werden mehr und mehr als eine faule Frucht am Baume der menschlichen Kultur erkannt[2])". Auch die Volkswirtschaftliche Gesellschaft rührte sich wieder und hielt im März 1869 in Berlin eine Versammlung ab, in der auf die Beseitigung des Patentschutzes hingearbeitet wurde. Dr. Wiss hielt einen Vortrag, in dem er u. a. ausführte, die angesehensten Volkswirte des In- und Auslandes seien sich darüber einig, daß Patente für die Industrie und für die Allgemeinheit nachteilig, für den Patentbesitzer aber ohne Nutzen seien, und daß ein wirklich brauchbares Patentgesetz undurchführbar sei. Das Genie habe auch ohne solches Gesetz den unwiderstehlichsten Trieb, seine Kräfte zu betätigen und bedürfe keines elenden Monopols als Sporn zu seinen Erfindungen[3]). Als Siemens hiervon erfuhr, erschien er in der nächsten Sitzung der Gesellschaft, in der die Beratung dieser Frage fortgesetzt werden sollte. Nach einer Angabe Grothes, der auch zugegen war, widerlegte Siemens in einer meisterhaften Rede alle vorgebrachten Argumente gegen das Patent und rief am Schluß derselben den Volkswirten zu: „Die neuere Volkswirtschaft muß umkehren, sie ist auf falsche Bahnen geraten[4])!"

Genaueres über den Inhalt dieser Rede scheint bisher nicht veröffentlicht zu sein. Siemens hat die Rede sorgfältig vorbereitet. Für den ersten Teil ist ein Entwurf von seiner Hand erhalten[5]), der wohl wert ist, hier ungekürzt Platz zu finden:

„Ich danke Ihnen, meine Herren, daß Sie auch einem Freunde der Erfindungspatente Gelegenheit geben, seine Ansichten hier auszusprechen, wo bisher nur Gegner derselben sich haben vernehmen lassen. Ich muß Sie jedoch bitten zu bedenken, daß ein Mann des praktischen Schaffens jetzt zu Ihnen spricht, kein Schriftgelehrter und Redekünstler; daß Sie daher ungewohnte Nachsicht werden üben müssen! Gestatten Sie mir, noch eine persönliche Bemerkung vorauszuschicken. Es wird vielen von Ihnen bekannt sein, daß ich selbst manches technisch Neue geschaffen und auch häufig Erfindungspatente in verschiedenen Ländern genommen habe. Dies könnte Sie zu der Vermutung führen, daß ich eine oratio pro domo hielte und daß meine Überzeugung durch mein Interesse beeinflußt sei. Dem ist aber nicht so, meine Herren. Zum Beweise dessen führe ich die Tatsache an, daß ich niemals in irgendeinem Lande den Schutz des Patentgesetzes für mich angerufen habe, obschon ich unzählige Male dazu Veranlassung gehabt hätte. Ich habe Patente stets nur genommen, einmal, um meine Priorität dadurch zu konstatieren und zweitens, um andere zu verhindern, sich später Patente auf dieselbe Sache geben zu lassen. Wenn ich trotzdem, daß mir persönlich kein Vorteil aus den Erfindungspatenten erwächst, für dieselben

---

1) Vgl. „Zeitschrift des Vereins deutscher Ingenieure" 1869, S. 709.

2) Anfang 1869 am Schluß einer längeren patentfeindlichen Untersuchung über „Die Erfindungspatente"; Fauchers „Vierteljahrsschrift für Volkswirtschaft", Bd. XXV, S. 106.

3) Bericht in der „Nationalzeitung" vom 17. März 1869.

4) Grothe, „Das Patentgesetz für das Deutsche Reich" 1877, S. 29f.

5) Im Siemensarchiv. — Der Entwurf enthält zwar keine nähere Bezeichnung seiner Bestimmung und keinerlei Datum. Sein Inhalt läßt aber keinen Zweifel über den Zusammenhang.

öffentlich in die Schranken getreten bin[1]), so geschah dies, weil meine amtliche Stellung als Referent der hiesigen Handelskammer in der Patentfrage mich verpflichtete, meine Überzeugung geltend zu machen. Doch will ich nicht leugnen, daß die Patentgesetzgebung für meinen Lebensgang von hoher Bedeutung gewesen ist. Ein Patent, welches ich vor ca. 25 Jahren als junger, mittelloser Mann in England nahm, gab mir die Mittel, mich wissenschaftlich-technischen Bestrebungen ferner zu widmen und die militärische Laufbahn mit der technischen zu wechseln. Es ist daher für mich eine Pflicht der Dankbarkeit, nach Kräften dafür zu sorgen, daß jungen, mittellosen Technikern auch künftig der Weg offenbleibt, der mir ein segensreicher war.

,,Die Gründe, meine Herren, welche mich für Beibehaltung und weitere Entwicklung der Patentgesetzgebung entschieden haben, habe ich in dem schon erwähnten Gutachten über die Patentfrage ausführlich auseinandergesetzt. Ich darf wohl annehmen, daß diejenigen, denen die Frage keine Parteifrage ist und die selbst Gründe und Gegengründe abwägen wollten, auch dies Gutachten gelesen haben, welches neuerdings im Buchhandel erschienen ist[2]). Die Gründe der Gegner, deren großem Gewicht ich mich durchaus nicht verschließe, haben mich in keiner Hinsicht eines anderen zu belehren vermocht. Wohl aber, meine Herren, muß ich die Gegner hier offen anklagen, daß sie nicht mit voller Loyalität den Kampf gegen die Erfindungspatente geführt haben, indem sie die entscheidend für die Erfindungspatente sprechenden Gründe nicht eingehend zu widerlegen versucht haben, sondern sie entweder ganz umgingen oder mit einigen nichtssagenden Phrasen abfertigten, um dagegen die dagegen sprechenden desto einseitiger hervorzuheben. Ganz einverstanden bin ich mit meinen Gegnern darin, daß das Interesse der Gesamtheit und nicht das vermeintliche Recht der Erfinder auf Schutz für ihr geistiges Eigentum das entscheidende Wort in der Patentfrage sprechen muß. Einverstanden ferner darin, daß die Erfindungspatente eine große Belästigung für die Fabrikanten, sowie auch häufig für das handeltreibende Publikum bilden, daß alle Beschränkungen des freien Verkehrs möglichst zu beseitigen sind, wo es ohne überwiegende Nachteile, die notwendig aus der Beseitigung hervorgehen müssen, geschehen kann. Einverstanden auch darin, daß das öffentliche Interesse es gebieterisch verlangt, daß alle neuen naturwissenschaftlichen und technischen Ideen und alle aus denselben hervorgehenden technischen Verbesserungen und Erfindungen baldmöglichst allgemein bekannt und Gemeingut der Menschheit werden. Denn die neuen Gedanken, Methoden und Konstruktionen sind nicht nur an sich selbst von Wert, sondern ihre hohe Bedeutung liegt darin, daß sie unsere Kenntnis vermehren und anregend wirken, um auf ihren Schultern zu weiteren Fortschritten auf der eingeschlagenen Bahn zu gelangen. Dadurch wird der technische Fortschritt, von dessen schnellerem oder langsameren Tempo wesentlich Blüte und Siechtum unseres materiellen Wohles abhängt, befruchtet und genährt, von ihm hängt also nicht nur Wohl und Wehe vieler Tausende, sondern das der gesamten zivilisierten Welt ab. Ich sage also mit meinen Gegnern: fort mit den Erfindungspatenten, ohngeachtet der Härte, die für die Schöpfer dieser neuen Gedanken darin liegt — wenn sie dem Fortschritt wirklich hinderlich sind. Ich glaube aber den Beweis geführt zu haben, daß dem nicht so ist, daß im Gegenteil unser technischer Fortschritt wesentlich verlangsamt werden würde, wenn die großen industrietreibenden Staaten die Erfindungspatente beseitigen würden.

[1]) Nämlich 1863.
[2]) 1869. Vgl. S. 39.

„Um dies klar zu erkennen, braucht man nur einen Blick auf die Quellen zu werfen, welche die technischen Fortschritte allgemein bekannt machen, auf die technischen Journale. Für sie alle bilden die Patentspezifikationen den Urquell ihres Wissens. Er würde in dem Augenblick versiegen, in welchem die Patente abgeschafft wären, und eine trostlose Dürre würde an die Stelle des lebendigsten Lebens treten! Man sagt zwar, der Erfinder sei eitel und ruhmsüchtig und würde auch ohne Patent seine Erfindung selbst veröffentlichen, oder wenn er es nicht täte, würde doch sein Geheimnis nicht lange zu bewahren bleiben. Dies kann im allgemeinen zugegeben werden, aber auch der Erfinder versteht wirtschaftlich zu rechnen!"

Wie bereits aus diesem (anscheinend unvollendeten) Entwurf seiner Rede zu entnehmen ist, hatte Siemens 1869 seine Denkschrift neu drucken lassen. Das war auf Anregung des Vereins deutscher Ingenieure geschehen[1]). Siemens übersandte die Schrift an die Mitglieder des Bundesrats und des Reichstags. Das mag Ende 1869 oder Anfang 1870 gewesen sein[2]). Die Denkschrift wurde außerdem in Hirths „Annalen" abgedruckt[3]) und in dem „Jahrbuch für Volkswirtschaft" heftig angegriffen[4]). Aber als dann der Krieg mit Frankreich ausbrach, dachte lange Zeit niemand mehr an die Patentfrage.

Inzwischen erstand das neue Deutsche Reich, und im Artikel 4 der Reichsverfassung war auch die einheitliche Regelung des Patentwesens vorgesehen. Das belebte die Hoffnung auf eine günstige Regelung. Im Sommer 1871 unterzeichneten die angesehensten Maschinenfabrikanten eine Eingabe an den Reichstag, worin auf ein Patentgesetz gedrungen wurde. Man verlangte insbesondere Abschaffung der Vorprüfung, aber Aufgebot mit Einspruchsrecht[5]).

Der Verein deutscher Ingenieure aber bestätigte seinen früheren Ausschuß und wiederholte den Auftrag zur Ausarbeitung eines Gesetzentwurfs[6]). Es wurde bei dieser Gelegenheit auch auf die besonders gefährliche Gegnerschaft Delbrücks hingewiesen.

Hiernach scheint nun zunächst André es übernommen zu haben, gemäß den Richtlinien des Vereins einen vollständigen Entwurf auszuarbeiten. Er legte ihn dann Siemens vor[7]). Jetzt galt es für diesen, sich mit den Richtlinien endgültig auseinanderzusetzen und den Entwurf aus dem alten Geleise herauszubringen. Am 11. Januar 1872 schreibt Siemens ausführlich darüber an André[8]). Er tadelte zu-

[1]) Vgl. S. 22 [4]) und 36. Die Druckschrift hatte den Titel: „Positive Vorschläge zu einem Patentgesetz. Denkschrift der Ältesten der Kaufmannschaft zu Berlin an den Kgl. Staatsminister für Handel, Gewerbe und öffentliche Arbeiten, Herrn Grafen von Itzenplitz, Exzellenz. Herausgegeben von Dr. Werner Siemens, Berlin 1869". Siemens vermied es bei dieser Veröffentlichung — wie überall bei seinem Wirken in der Patentsache —, seinen Namen mehr als unbedingt nötig zu nennen. Er suchte stets seine entscheidenden Ausarbeitungen durch das Ansehen hervorragender Körperschaften zu decken, um so seinen Worten mehr Gewicht zu verleihen. Wir werden das noch wiederholt sehen. Das ist zwar seiner Sache sehr dienlich gewesen, hat aber dazu beigetragen, daß man seiner Person darüber fast vergaß.

[2]) Er sagte am 25. April 1872; er habe „vor 2 Jahren den sämtlichen Mitgliedern des Bundestags und Reichstags von dem Verleger, der es neu hat abdrucken lassen, ein Exemplar zuschicken lassen". Brief an André (Siemensarchiv).

[3]) „Annalen des Norddeutschen Bundes und des Deutschen Zollvereins" 1869, S. 41.

[4]) Von Eras in „Jahrb. f. Volkswirtsch." 1869, S. 46ff.

[5]) „Zeitschr. des Vereins deutscher Ingenieure" 1871, S. 660.

[6]) „Zeitschrift des Vereins deutscher Ingenieure" 1871, S. 660f.

[7]) Auf Grund welcher besonderen Verabredungen dieses Zusammenarbeiten mit Siemens geschah, dürfte heute schwer feststellbar sein. Vgl. S. 36.

[8]) In der im Siemensarchiv noch vorhandenen Preßkopie ist der Empfänger des Briefes nicht genannt. Der vorausgegangene an Siemens gerichtete Brief ist nicht mehr auffindbar. Es kann aber

nächst die Unklarheit des Grundgedankens. Man dürfe nicht den Standpunkt des geistigen Eigentums aus allgemeinen Rechtsgrundsätzen heraus und gleichzeitig den volkswirtschaftlichen Standpunkt vertreten wollen. „Eine Vermischung beider führt zu Unklarheiten und Halbheiten.“ Für ihn selbst könne als Grundlage für ein Patentgesetz ausschließlich der volkswirtschaftliche Standpunkt in Frage kommen; er verweist auf sein Gutachten von 1863, worin er diesen Standpunkt ausführlich begründet habe[1]). Dann fährt er fort: „Persönliche Leistungen irgendwelcher Art sind nur nach dem Nutzen, welchen sie anderen bringen, anzuerkennen oder zu schützen. Erst durch diesen geleisteten öffentlichen Nutzen werden sie ein Verdienst. Dieser öffentliche Nutzen, den jede Erfindung, auch eine unpraktische und unanwendbare, bringen kann, besteht in der Bekanntmachung des neuen Gedankens, der dadurch unser Wissen erweitert und wieder neue Gedanken zur Folge hat.“

Dann zieht er aus diesen allgemeinen Grundgedanken wichtige Folgerungen für die Ausgestaltung des Gesetzentwurfes.

Alleiniger Endzweck aller Patentgesetzgebung ist „die getreue Publizierung der Erfindungen im Interesse des Publikums“. Um diesen Zweck zu erreichen, wird dem Anmelder als Entgelt der zeitweise Schutz angeboten. Lediglich diesem Zwecke ist der Schutz anzupassen. Er muß also dem Besitzer der Erfindung genügend Anreiz geben, daß er auf den Vertrag eingeht; er darf aber andererseits der Allgemeinheit keine Lasten auferlegen, die nicht im richtigen Verhältnis zu dem Nutzen stehen. Die beste Abgleichung der beiderseitigen Interessen zu finden, ist Erfahrungssache. Er kommt zu Vorschlägen, die sich in drei Gruppen zusammenfassen lassen:

1. Dem Anmelder muß die Sache „leicht, bequem und billig“ gemacht werden, „damit auch arme Erfinder leicht ein Patent nehmen und dann in Sicherheit Kapital und andere Hilfskräfte zur Durchführung ihrer vermutlichen Erfindung sich gewinnen können“.

Für den Anmelder fordert er ferner eine Frist nach der Anmeldung, innerhalb deren er seine Erfindung in Ruhe durcharbeiten kann.

2. Zum Schutz der Allgemeinheit muß eine behördliche Prüfung stattfinden, um möglichst das Publikum gegen Patente zu schützen, die „bekannte Sachen oder notorischen Unsinn enthalten“.

Er schlägt die nur konsultative Prüfung vor, bei der dem Erfinder gegebenenfalls der Rat erteilt wird, sein Gesuch zurückzuziehen. Wenn er dem Rat nicht folgt, soll zunächst nur eine kurze Inhaltsangabe der Anmeldung veröffentlicht werden und dabei auf den erteilten Rat aufmerksam gemacht werden.

Es werden aber trotz der Prüfung viele unnütze Patente zustande kommen. Deshalb muß weiterhin im Interesse der Allgemeinheit dafür gesorgt werden, daß solche „unnütze Patente, die nur eine tote hindernde Last für das Publikum sind“, möglichst schnell wieder verschwinden. Hierfür sei das beste Mittel die „progressive Patentsteuer“. Er macht bestimmte Vorschläge (von Jahr zu Jahr um 10 Taler steigende Gebühren). Die Gebühren dürfen keinesfalls vorausbezahlt werden, damit der Inhaber jedes Jahr sich über den Wert seines Patentes von neuem Rechenschaft

---

nach den ganzen Zusammenhängen kaum ein Zweifel bestehen, daß der Brief vom 11. Januar an André gerichtet ist.

[1]) Vgl. S. 22 ff., insbes. auch S. 24 Abs. 2.

geben muß. Er nimmt an, daß dann nur ein verschwindend kleiner Teil der Patente die volle Lebensdauer erreichen wird, denn es sei nachweisbar, „daß höchstens 1% der Patente zur praktischen Benutzung kommt, und daß von dieser Zahl nur ein kleinerer Teil dem Erfinder wirklich Nutzen bringt".

3. Als eine der Aufgaben der Patentbehörde sieht er die sorgfältige Veröffentlichung des Inhalts der Patente und die Führung übersichtlicher Listen über alle jeweils in Kraft stehenden Patente an.

Eine zweite Aufgabe ist die Prüfung. Er wendet sich scharf gegen den Vorschlag des ihm vorliegenden Entwurfes, wonach die Vorprüfung unterbleiben und ein Patentgericht erst nach der Veröffentlichung über die Gültigkeit der Patente entscheiden solle. Dieses Verfahren würde „eine ganz unübersehbare Arbeitslast auf Patentbehörde und Patentgericht werfen, würde das Publikum ungemein belästigen, da der Techniker sich um jeden Unsinn bekümmern müßte, um die ‚gerichtliche Patentierung' zu hindern". — Dagegen schlägt er vor, die Nichtigkeits- und Verletzungsklagen einem besonderen Patentgericht zuzuweisen.

André hat sich diesen Siemensschen Vorschlägen eng angeschlossen wie wir noch sehen werden.

Aus einem Schreiben von Gärtner vom 31. März 1872 ergibt sich, daß auf Wunsch von Siemens „am Mittwoch", also am 3. April, in Berlin eine Ausschußsitzung stattfinden sollte und daß man nach einflußreichen Reichstagsabgeordneten suchte, um diese für den Entwurf zu gewinnen.

Am 5. April berichtet dann Siemens seinem Bruder Karl[1]: „Ich habe mehrere Tage mit einer Kommission des Ingenieurvereins einen Patentgesetzentwurf beraten, welcher dem Reichstage als Petition zugehen soll. Möglichst habe ich ihn im Sinne meines alten Gutachtens gehalten. Lieb wäre es mir, wenn ich das Neueste von dort und besonders Wilhelms Auslassungen in der Comittee erhalten könnte, damit wir konform bleiben[2]. Müßte aber bald geschehen, da in acht Tagen letzte Redaktion geschehen soll. Hilft das diesmal nicht, so geht wahrscheinlich der Antrag auf Aufhebung der Patente durch, auf den sich Volkswirte und das Reichskanzleramt verbissen haben."

In den folgenden Wochen redigierte er eifrig mit André am endgültigen Entwurf. Wie schon oben gesagt, galt es vorsichtig die Klippen zu umschiffen, an denen das ganze Unternehmen am leichtesten hätte scheitern können; sie lagen in der Ausgestaltung der Vorprüfung[3]. Durch ein Gespräch, das Louis Siemens um diese Zeit mit einem Mitglied der preußischen Patentkommission hatte, wurde die große Gefahr, die in der Vorprüfungsfrage lag, nochmals besonders eindringlich vor Augen geführt. Werner Siemens schreibt darüber an André am 9. April 1872[4]: „Weber hat sich meinem Vetter Louis Siemens gegenüber sehr ergrimmt über mich ausgesprochen, weil ich gegen die Aufhebung der Patente agitierte! Er hat sich dann im vollen Eifer entschieden für diese Aufhebung, als durchaus notwendig, ausgesprochen. Die ganze Kommission, vielleicht mit Ausnahme von Reuleaux, das ganze Ministerium, mit Ausnahme des Kriegsministers und des neuerdings etwas zweifelhaft gewordenen Delbrück,

[1]) „Auswahl von Briefen", l. c. S. 357.
[2]) In England beschäftigte man sich ebenfalls mit einer Patentreform. Vgl. S. 35.
[3]) Vgl. S. 20f., 29, 33, 34, 40.
[4]) Siemensarchiv.

wäre für gänzliche Aufhebung, und es hätte eigentlich schon in dieser Reichstagssitzung der Aufhebungsgesetzentwurf eingebracht werden sollen! Wie es scheint, hat Delbrück dies einstweilen noch verhindert — hinc illae lacrimae! Als Grund der Notwendigkeit hat er allein die Unmöglichkeit hervorgehoben, eine einigermaßen befriedigende Vorprüfung zu bewirken. Er hat auf einen gewaltigen Haufen von Patentgesuchen hingewiesen, die zu neun Zehnteln Unsinn enthielten, der aber schwer nachzuweisen wäre. Selbst die gründlichsten Nachweise würden von den Erfindern doch nicht geglaubt, und sie kämen immer wiederholt mit neuen Reklamationen und würden dabei sehr grob! Eine Vorprüfung wäre überhaupt unmöglich, und ohne Vorprüfung ginge es auch nicht, weil dann die Zahl der Patente unendlich groß werden würde! Jetzt sei man entschlossen, gar keine Patente mehr zu gewähren, nachdem man schon die letzten Jahre nur Patente auf 3 Jahre gegeben und nie eine Verlängerung bewilligt habe.“

Es galt hier, den richtigen Mittelweg zu suchen. Siemens sah ihn in der Verbindung der konsultativen Vorprüfung mit einem Aufgebotsverfahren. Die Durchbildung dieses Gedankens machte ihm aber viel Kopfzerbrechen. Er schreibt in dem eben erwähnten Brief vom 9. April an André, eine entscheidende Vorprüfung „ist in der Tat ein Unding, da niemand dazu kompetent ist...“ „Als wohlwollende, nicht verantwortliche Beratungsbehörde für Publikum und Erfinder wird das Patentamt wieder zu Ehren kommen, während es sonst unweigerlich stets mit ‚Haß und Verachtung‘ beladen sein wird... Überlegen Sie doch die Sache in diesem Sinne noch einmal gründlich... Natürlich bleibe ich bei unseren Entschlüssen, wenn Sie selbst nicht zu anderen Ansichten kommen.“

André machte Änderungsvorschläge, auf die Siemens am 15. und am 22. April ausführlich einging[1]). Siemens forderte, das Patentamt solle nicht nur das Recht, sondern auch die Pflicht haben, offenbar unberechtigte Patentgesuche abzuraten. Das Publikum müsse vor der Überschwemmung mit haltlosen Patentanmeldungen bewahrt werden.

Nach nochmaliger Umredigierung der betreffenden Paragraphen war endlich der Entwurf zur Weitergabe fertig. Nun handelte es sich noch um die „Petition“, in der die Notwendigkeit eines Patentgesetzes nachzuweisen war.

Siemens übernahm es, diese „Petition“ auszuarbeiten[2]). Am 15. April schreibt er an seinen Bruder Karl[3]): „Einige Mitteilungen über den agitatorischen Stand der Frage in England wären mir sehr erwünscht. Das preußische Ministerium will gänzliche Beseitigung der Patente beantragen. Dagegen soll unser Entwurf als Petition auftreten. Hier beruft sich die Volkswirtschaft noch immer auf England, als wenn dort die Aufhebung nur noch eine Frage der Zeit wäre, da alle Intelligenz für dieselbe wäre! Dagegen brauche ich einige Argumente, da ich die Petition zu verfassen übernommen habe...“ Am 19. April schreibt er erneut an Karl[4]): „Mir liegt besonders daran, zu wissen, wie die Sachlage in der Patentfrage in England jetzt ist. Die Volkswirte behaupten hier immer noch, daß alle Intelligenz in England gegen die Patente wäre. Da die Sache jetzt hier zur Entscheidung drängt und das Deutsche Reich jetzt sicher in die Wage fällt, so hätte ich gern Material, um diesen Anschauungen entgegentreten zu können.“

---

[1]) Siemensarchiv.
[2]) Schreiben an André vom 15. April 1872 (Siemensarchiv).
[3]) „Auswahl von Briefen“, l. c. S. 360. [4]) Siemensarchiv.

Bei der Bearbeitung der Petition stieß er dann aber auf ganz eigenartige Schwierigkeiten. Er schreibt am 22. April an André[1]): „Übrigens muß ich gestehen, daß ich bei Abfassung der Petition auf große Schwierigkeiten gestoßen bin. Es ist unmöglich, in kurzen Worten das Patentwesen volkswirtschaftlich zu begründen. Ich habe dies einmal so kurz wie möglich getan, und finde es unmöglich, dasselbe mit anderen Worten selbst noch einmal zu tun. Entweder muß es daher eine andere Feder tun, oder es muß auf das Gutachten der Handelskammer verwiesen und dieses beigelegt werden." Er wählte schließlich den Ausweg, sein „Gutachten der Handelskammer" in den wichtigsten Teilen wörtlich anzuführen.

Einige Schwierigkeit machte auch die Frage, wer nun die Petition unterschreiben solle. Als Siemens den Entwurf an André sandte, schlug er vor, der Vorstand des Ingenieurvereins solle es tun. Am 25. April kommt er auf die Angelegenheit der Unterschrift nochmals zurück. „Ich glaube, es wäre am besten, Personen in der Petition ganz fortzulassen und nur den Vorstand des Ingenieurvereins unterzeichnen zu lassen .... Wenn die Herren der Kommission Gewicht darauf legen, die Petition zu unterzeichnen, so füge ich mich gern ihrer Ansicht. Ich selbst ziehe vor, meinen Namen ganz aus dem Spiel zu lassen, es wird so besser wirken[2])."

Einige Tage darauf nun erfuhr er, daß beim Reichstag Anträge vorliegen, die Patentfrage zu verhandeln, und daß diese Anträge demnächst im Reichstag erörtert werden sollen. Jetzt galt es, rasch zu handeln. Am 29. bittet er den Schriftführer des Ausschusses, Herrn Ziebarth „alles aufzubieten, damit noch Ende dieser Woche die Versendung an den Bundesrat und womöglich auch die Verteilung an die Mitglieder des Bundesrats und Reichstags stattfinden könne[3])".

Am 3. Mai ging der Entwurf ab. Die „Petition" war vom Vorstand des Vereins deutscher Ingenieure unterzeichnet. Ihr Gedankengang ist folgender:

Zunächst schildert Siemens den bis dahin herrschenden Zustand[4]) und kommt zu dem Ergebnis, daß der weitverbreitete Wunsch, die bestehende Patentgesetzgebung baldmöglichst aufzuheben, gerechtfertigt sei. Aber es folge daraus nicht, daß Erfindungspatente überhaupt gemeinschädlich seien.

Nun führt er die Gründe auf, deren sich die Gegner der Patentgesetzgebung bedienen. Es sind kurz folgende: Patente seien Privilegien, die der Gewerbefreiheit widersprechen; — sie verteuern die Waren; — führen zu endlosen Streitigkeiten; — regen die Erfindungstätigkeit nicht an; im Gegenteil, sie hemmen die Entwicklung; — die Arbeit Aller führt schneller und leichter zur Ausbildung und Verwertung von Ideen; — auch ohne Patent hat der Erfinder einen Vorsprung; — vor allem aber sei eine gute Regelung unmöglich, weil eine brauchbare Vorprüfung unausführbar sei.

Auf diese Einwände erwidert er: Einiges daran sei wohl wahr, trotzdem aber sei die Patentgesetzgebung unabweisbare Notwendigkeit. Er beruft sich auf das (von ihm selbst verfaßte) Gutachten der Ältesten der Kaufmannschaft von 1863

---

[1]) Siemensarchiv.

[2]) Siemensarchiv. — Wegen seiner Zurücksetzung der eigenen Person vgl. auch oben S. 39 [1]). Es kam dazu, daß er überhaupt nicht zum Verein gehörte.

[3]) Siemensarchiv. — Er berichtet darüber auch in einem weiteren Schreiben vom 1. Mai an André (Siemensarchiv).

[4]) Vgl. oben S. 17.

und führt daraus wörtlich den ganzen Teil an, der die Notwendigkeit der Patentgesetzgebung begründet[1]). Dann fährt er fort: in der Patenterteilung liege „das einzig denkbare Mittel, wahrheitsgetreue und hinlänglich deutliche Beschreibungen der gemachten Erfindungen zu erhalten". Gäbe es keine Patente, so strebe der Erfinder nach möglichster Geheimhaltung und nach Irreleitung der anderen. Zwar werde auch die „Arbeit Aller" allmählich das Geheimnis lüften, aber jeder einzelne, der es herausfinde, werde es wieder für sich geheimhalten, und schon darum allein gehe der Fortschritt nur äußerst langsam vorwärts. Außerdem aber fehle infolge der Geheimhaltung die befruchtende Wirkung, die jeder neue Gedanke für die Gesamtheit habe. Ohne Patentschutz würde es also „wahrhaft trostlos" stehen mit dem Fortschritt. Ohne die genaue und rasche Veröffentlichung würde „dem Fortschritt der Lebensnerv durchschnitten sein, und wir würden trotz Buchdruckerkunst, Eisenbahnen und Telegraphen uns wieder chinesischen Zuständen nähern".

Glücklicherweise würden andere Staaten ihre Patentgesetzgebung beibehalten, auch wenn Deutschland die seinige aufhöbe. Deutschland würde also dann auch weiterhin vom Ausland die in den fremden Patentschriften offenbarten Ideen verwerten können; aber dieses Verfahren sei für das neue Deutsche Reich weder geziemend noch vorteilhaft; „nicht geziemend, weil es anderen Ländern die alleinige Sorge für eines der höchsten allgemeinen Kulturinteressen überlassen würde, und weil es beschämend für den Deutschen ist, den Vorwurf der Ausländer anhören zu müssen, daß fremde Erfindungen in Deutschland vogelfrei seien ...; nicht vorteilhaft, weil die Erfinder sich mit ihren Ideen zunächst dahin wenden, wo sie Schutz für dieselben finden ..." — „Eine große Zahl der tüchtigsten technischen Kräfte ist auf diese Weise dem Vaterland entzogen und viele wichtige neue Erfindungen ... sind aus Deutschland ins Ausland gewandert." — „Ein patentloses Land wird nur in seltenen Fällen an die Spitze eines Industriezweiges kommen oder sich daran erhalten können[2])."

Werfen wir nun auch noch einen Blick auf den Entwurf des Patentgesetzes selbst und auf die „Motive"[3]). Die Motive sind nicht von Siemens verfaßt. Er hat aber mancherlei Anregungen dafür gegeben und hat insbesondere gebeten, den im Entwurf gezeigten Ausweg aus den Schwierigkeiten der Vorprüfungsfrage in das richtige Licht zu setzen[4]). Zu dieser Frage sagen die Motive u. a.: durch den Entwurf sei der gegen das preußische Gesetz erhobene Einwand beseitigt, „daß die dem Patentamt angemutete Tätigkeit unausführbar sei. Die konsultative Tätigkeit des Patentamtes vor der Bekanntmachung ist weder schwierig, noch zu verantwortlich. Die endliche Entscheidung aber ist erleichtert durch die Ausscheidung einer großen Menge von nutzlosen Gesuchen, die nicht soweit gelangen durch die Mitwirkung des Publikums, — und dadurch, daß die Entscheidung keine definitive ist[5])."

---

[1]) Näheres siehe oben S. 22 bis 25.

[2]) Die ganze Petition ist abgedruckt in der „Zeitschrift des Vereins deutscher Ingenieure" 1872, S. 321 bis 328. — Den oben kurz wiedergegebenen Ausführungen schließen sich in der Petition noch 3 Absätze an, die meines Erachtens nach Stil und Inhalt zu schließen sicherlich nicht Siemens' Werk sind. Es wird darin u. a. der Versuch gemacht, auch den „moralischen" Ansprüchen der Erfinder hinsichtlich der Patentgesetzgebung Anerkennung zu verschaffen.

[3]) Abgedruckt in der „Zeitschrift des Vereins deutscher Ingenieure" 1872, S. 329ff.

[4]) Schreiben an André vom 25. April 1872 (Siemensarchiv).

[5]) l. c. S. 330. — Auf S. 347 und 348 wird der Vorschlag noch eingehender begründet.

Der Gesetzentwurf selbst umfaßt 39 Paragraphen.

§§ 1 bis 3 befassen sich mit dem, was patentiert werden darf.

§§ 4 bis 7 behandeln die Personen, die Anspruch auf Patentschutz erheben können. Der Entdecker oder Erfinder oder sein Rechtsnachfolger soll es sein, aber gegenüber der Behörde kommt zunächst lediglich der erste Anmelder in Betracht. Es wird kein Nachweis verlangt. Bemerkenswert ist § 7: „Mitglieder oder Beamte der Patentbehörden können Patente anders als von Todes wegen nicht erwerben.“ Das entsprach vor allen Dingen auch den Siemensschen Anschauungen. Dieser Gedanke ging zwar nicht in das endgültige Gesetz über, spielte aber trotzdem in seinem Leben noch einmal eine gewisse Rolle[1]).

§§ 8 bis 11 sprechen von der Erteilung und dem Erlöschen der Patente. Die Dauer soll 15 Jahre sein (Zusatzpatente für die Dauer des Hauptpatentes); die Jahresgebühren sollen mit 10 Talern beginnen und jährlich um 10 Taler steigen (Zusatzpatente gebührenfrei).

§§ 12 bis 20 sprechen von den Behörden, die sich mit den Patentangelegenheiten zu befassen haben, nämlich Patentamt und Oberhandelsgericht. Das letztere soll zuständig sein für alle Streitigkeiten über Erteilung, Nichtigkeit, Schutzumfang, Abhängigkeit usw.

Am wichtigsten sind die §§ 21 bis 27, die von der Anmeldung und Prüfung handeln. § 24 sagt: „Das Patentamt ist verpflichtet, wenn das Gesuch nach der Ansicht des Patentamtes zum weiteren Verfolg sich nicht eignet, vor der Bekanntmachung (§ 23) dem Antragsteller den Rat zu erteilen, daß er das Gesuch fallen lasse, und eine Frist vorzuschlagen, innerhalb derer der Antragsteller sich zu erklären hat, ob er den Antrag verfolgen will.“ Bejaht er dies, so wird das Gesuch im Patentblatt bekanntgemacht und Abdrücke der Unterlagen jedermann käuflich zur Verfügung gestellt. Aber es wird zugleich in der Veröffentlichung gesagt, daß dem Anmelder abgeraten wurde. Auf Antrag kann die Veröffentlichung ausgesetzt werden. Nach der Veröffentlichung muß der Anmelder zunächst einen Ausführungsnachweis[2]) bringen und kann dann erst Erteilung beantragen. Die Frist hierfür kann bis zu $1^1/_2$ Jahren ausgedehnt werden. Das Amt prüft dann die ganze Angelegenheit nochmals und entscheidet nach seinem Ermessen. Bis zur Entscheidung kann jeder beliebige andere dem Patentamt Material für die Beurteilung der Anmeldung vorlegen. Aber auch nach der Entscheidung kann das Amt vom Patentinhaber noch Nachweisungen „für die fortdauernde Gültigkeit“ fordern (§ 27).

Wir haben also hier eine stufenweise Prüfung, nämlich eine sachliche Vorprüfung, der eine formelle Prüfung schon vorausging; dann eine erneute Prüfung, der die Veröffentlichung und gegebenenfalls Einsprüche vorausgingen, und schließlich noch eine Nachprüfung, falls sich späterhin noch Bedenken ergeben.

Wird das Patent versagt oder nachträglich vom Patentamt aufgehoben, so kann der Anmelder oder Inhaber beim Oberhandelsgericht gegen das Patentamt klagen. Bei demselben Gericht kann auch das Amt im öffentlichen Interesse oder jeder beliebige andere nach seinem Ermessen die Aufhebung des Patentes beantragen.

---

[1]) Vgl. S. 65 f.

[2]) Dieser Ausführungsnachweis vor Erteilung beruhte auf der Siemensschen Auffassung, daß eine wirkliche Erfindung erst vorliegt, wenn der Gedanke durchgeführt ist. Diese Auffassung war ihm aus reicher Erfahrung erwachsen und er hat sie oftmals ausgesprochen. Vgl. S. 14.

Die §§ 29 bis 31 behandeln Art und Umfang der Rechte des Patentinhabers. Die §§ 32 bis 38 regeln das Verfahren bei Eingriffen in ein Patentrecht.

Wie bereits gesagt, ging der Entwurf am 3. Mai an den Bundesrat ab; aber noch ehe er hätte geprüft werden können, kam die Frage im Reichstag zur Erörterung. Den Anlaß gab ein Antrag Wappenhaus, den Reichskanzler aufzufordern, baldmöglichst durch Reichsgesetz das Patentwesen zu regeln. Am 10. Mai wurde zwar dieser Antrag nach längeren Erörterungen angenommen. Die Sache kam jedoch nicht weiter. Die Regierung hielt die Frage noch für zu wenig geklärt und brachte ihre patentfeindliche Stimmung unzweideutig zum Ausdruck[1]). Wenngleich gelegentlich Gerüchte umgingen, daß Delbrück an seinem schroffen, patentfeindlichen Standpunkt zweifelhaft geworden sei[2]), so war doch vorerst gar keine Aussicht vorhanden, ihn für ein neues Gesetz zu gewinnen.

Der Patentgesetzentwurf ist darum von ganz besonderer Wichtigkeit, weil er die Grundlage aller späteren Arbeiten bildete. Die Grundlinien des Entwurfes waren von Werner Siemens gegeben und dann von ihm selbst und André in enger Arbeitsgemeinschaft verwirklicht worden. Werner Siemens trat jedoch ganz hinter seinem Werk zurück. Wie wir gesehen haben (S. 43), geschah das aus taktischen Gründen. Daran liegt es aber zum guten Teil, daß es kaum bekannt geworden ist, wie groß sein Anteil daran war, wenngleich im folgenden Jahr Pieper auf dem Internationalen Patentkongreß in Wien darauf hinwies. Pieper legte dem Kongreß den deutschen Entwurf vor und sagte dazu, „daß die Verfasser desselben, darunter Herr Dr. Werner Siemens, und vorzüglich Herr Syndikus Dr. André, sich ein nicht hoch genug zu veranschlagendes Verdienst erworben haben, indem sie den Gesamtbestrebungen den besten Anhalt für die Beurteilung gaben und in konkreter Form eine Patentgesetzgebung erfanden, die der Kritik unserer gesetzgebenden Körper mit Zuversicht unterstellt werden konnte[3])".

Der Verein deutscher Ingenieure ernannte im folgenden Jahr Werner Siemens, der bis dahin noch nicht dem Verein angehörte, zum Ehrenmitglied[4]).

V. Wiener Kongreß 1873 — Patentschutzverein (1874—1877).

Im folgenden Jahre nun sollte in Wien die Weltausstellung sein. Solche Ausstellungen hatten von jeher Anlaß gegeben, den Schutz von auszustellenden Erfindungen zu erörtern[5]). Auch jetzt kam die Frage auf und veranlaßte den Generaldirektor der Wiener Ausstellung, Baron v. Schwarz-Senborn, einen internationalen

[1]) Vgl. darüber auch Grothe, „Das Patentgesetz für das Deutsche Reich" 1877, S. 33.

[2]) Werner Siemens an André vom 9. und 25. April 1872 (Siemensarchiv). Vgl. auch S. 41.

[3]) Amtlicher Bericht über den Wiener Kongreß, S. 42. — In der Hauptversammlung des Vereins deutscher Ingenieure 1872 teilte der Vorsitzende über das Zustandekommen des Entwurfes mit, daß die Kommission (nämlich Gärtner und Wintzer), „verstärkt durch den juristischen Beirat des Herrn Dr. André in Osnabrück und unterstützt durch Herrn Dr. W. Siemens in Berlin", den Entwurf ausgearbeitet habe. — Wie weit in Wirklichkeit Siemens die Führung hatte, dürfte aus dem oben Geschilderten hervorgehen.

[4]) Schreiben des Vorsitzenden des Vereins vom 6. Sept. 1873. — Siemens' Antwort vom 17. Sept. 1873 (Kopie der letzteren im Siemensarchiv).

[5]) Geschichtliches hierüber gab Pieper, vgl. „Amtlicher Bericht über den Internationalen Patentkongreß 1873", S. 24.

Patentkongreß zu berufen. Im März 1873 schon wurde der Arbeitsplan veröffentlicht. Es bildete sich ein vorbereitender Ausschuß, dem ein Beratungsausschuß zur Seite stand. Dem letzteren gehörten u. a. an: Werner Siemens, Wilhelm Siemens, André, ferner Klostermann, Rosenthal und Reuleaux. Klostermann kam im Auftrage der deutschen Regierung, Rosenthal für den Verein deutscher Ingenieure. Der Kongreß tagte vom 4. bis 9. August, Präsident war Wilhelm Siemens; Werner Siemens Vizepräsident. Pieper[1]) war Generalsekretär; er hat sich nach einer Angabe von Siemens große Verdienste um das Zustandekommen des Kongresses erworben.

Es kam zu drei Gruppen von Beschlüssen. Sie betrafen die Gründe, die eine Patentgesetzgebung notwendig machen, die allgemeinen Grundlagen für ein solches Patentgesetz und das Bedürfnis einer internationalen Regelung.

Werner Siemens empfahl, nur die rein volkswirtschaftlichen Gründe in den Beschluß aufzunehmen, und legte diese in besonders scharfer Weise fest. Er suchte die Freihändler zu widerlegen, die den Patentschutz abschaffen wollten, und begründete den volkswirtschaftlichen Nutzen, der insbesondere aus der Veröffentlichung der neuen Erfindungen entspringt. Den Nachdruck legte er diesmal auf die Vollständigkeit der Veröffentlichung, damit nicht jeder andere wieder von neuem anfangen und Geld und Zeit verschwenden müsse, wenn die Erfindung frei werde. Dann wies er noch darauf hin, daß in Ländern mit ungenügendem Patentschutz die tüchtigen Kräfte außer Landes gehen[2]).

Von verschiedenen Seiten wurde gewünscht, daß neben den volkswirtschaftlichen Gründen auch der moralische Anspruch des Erfinders, der sich aus seinem natürlichen Eigentumsrecht ergibt, als selbständiger Gesetzgebungsgrund geltend gemacht würde. Werner Siemens streifte mehrmals diesen Punkt und warnte vor einseitiger Interessenpolitik. Nur insoweit es dem höheren volkswirtschaftlichen Zweck dient, kann das Sonderinteresse des Erfinders im Gesetz gepflegt werden.

In dem endgültigen Beschluß des Kongresses wurde dann zur Begründung der Forderung des Erfindungsschutzes sowohl der „moralische“ Grund („das Rechtsbewußtsein der zivilisierten Nationen verlangt den gesetzlichen Schutz der geistigen Arbeit“), als auch sechs volkswirtschaftliche Gründe, letztere im wesentlichen nach dem Siemensschen Antrag, aufgenommen.

In die Richtlinien für die Ausgestaltung des Gesetzes kam hinein: Nur der Erfinder (Rechtsnachfolger) hat Anspruch; — auch Ausländer; — Vorprüfung; — Dauer bis zu 15 Jahren; — vollständige Veröffentlichung der Erfindung; — steigende Jahresabgaben, um nutzlose Patente auszumerzen; — gut organisiertes Patentamt; — bei Nichtausübung des Patents kein bedingungsloser Verfall des Patentes. — Empfohlen wurde Lizenzzwang, wenn das öffentliche Interesse es erfordert.

Am letzten Kongreßtag, am 9. August, faßte der Kongreß noch einen wichtigen Beschluß. Es wurde ein „ständiges Exekutivkomitee“ ernannt, das den Beschlüssen des Kongresses überall Geltung verschaffen und einen nächsten internationalen Kongreß vorbereiten sollte. Es setzte sich vorerst zusammen aus den Mitgliedern des vorbereitenden und des Beratungsausschusses und wurde ermächtigt, weitere Mitglieder zu wählen. Noch am 9. August hielt dieses internationale Komitee seine erste Sitzung ab. Es sollte möglichst ein internationaler Verein zur Förderung des

[1]) Zivilingenieur und Patentanwalt in Dresden.

[2]) Amtlicher Bericht über den Internationalen Patentkongreß 1873, S. 46ff.

Erfindungsschutzes gegründet werden. Schwarz-Senborn wurde zum ständigen Präsidenten, Pieper zum Generalsekretär erwählt[1]).

Die Werbetätigkeit des Komitees hatte wenig Erfolg. Siemens schreibt darüber am 14. Februar 1874 an Pieper, das liege wohl nur daran, daß „das Horn nicht in der richtigen Tonart angeblasen ist, andernfalls würden die Gegner Recht haben, wenn sie ein Patentgesetz nicht für ein in weiteren Kreisen wirklich gefühltes Bedürfnis erklären[2])". Siemens hatte sich damals vergeblich bemüht, einen einflußreichen Parlamentarier für die Sache zu gewinnen, um eine Besprechung im Reichstag herbeizuführen. Er meinte darum, die Frage wäre offenbar „für parlamentarische Behandlung noch nicht reif[3])".

Am 8. und 9. Januar 1874 waren einige Mitglieder des internationalen Exekutivkomitees in Wien zusammengekommen. Von außerösterreichischen Mitgliedern war nur Pieper zugegen gewesen. Als nächste Ziele hatte man ins Auge gefaßt: die Gründung einer Zeitschrift zu Werbezwecken; die Gründung von Vereinen zur Förderung des Erfindungsschutzes; die Einberufung eines zweiten internationalen Kongresses nach Brüssel im September 1874[4]). Pieper legte nun im Februar die Frage der Gründung einer Zeitschrift und die Frage eines zweiten internationalen Kongresses Siemens vor und regte außerdem eine Zusammenkunft des internationalen Komitees in Deutschland an. Siemens widersprach allen drei Punkten. Eine internationale Zeitschrift sei schon wegen der Sprachverhältnisse ein schlechtes Werbemittel. Die internationale Tätigkeit müsse außerdem für die nächste Zeit ganz hinter der nationalen zurücktreten. Dagegen schlug er den Zusammentritt der deutschen Mitglieder des Komitees vor, um einen „auf großer Basis anzulegenden" Verein „zur Herbeiführung eines rationellen deutschen Patentgesetzes" zu gründen, der ganz Deutschland umfaßt und „Zweigvereine in allen technischen Zentralpunkten" hat. „Alle technischen Gesellschaften müssen direkt zum Beitritt oder zur Konstituierung als Zweigverein aufgefordert werden. Der Beitrag muß gering sein. Hauptsache ist, die Patentfrage zum Verhandlungsgegenstand der betreffenden Vereine zu machen. Außerdem müßte an die größeren technischen Firmen die direkte Aufforderung ergehen, dem Verein ihre wohlwollende Unterstützung zu verleihen und Mittel beizusteuern. Gute Namen zu gewinnen wäre besonders wichtig[5])."

Damit war der Gedanke des „Patentschutzvereins" gegeben, der späterhin eine so große Rolle spielen sollte.

Am 16. Februar 1874 schreibt er über dieselbe Angelegenheit ausführlicher an Eugen Langen, den Vorsitzenden des Vereins deutscher Ingenieure[6]): „Ich glaube, daß wir in diesem Augenblick weder petitionieren noch interpellieren, sondern organisieren sollten. Wir müssen den Beweis führen, daß nicht nur einige Erfinder um Schutz schreien und andere mit sich fortreißen, sondern, daß wirklich achtunggebietende Klassen und Interessen ihn fordern." Er wendet sich scharf gegen unzeitige internationale Tätigkeit und entwickelt dann seinen Plan eines „deutschen Patentschutzvereins", ähnlich wie in dem Brief an Pieper.

---

[1]) Näheres im amtlichen Bericht des Kongresses, l. c.

[2]) Siemensarchiv.

[3]) Schreiben an Langen vom 16. Febr. 1874 (Siemensarchiv).

[4]) Ein kurzer autographierter Bericht findet sich im Siemensarchiv.

[5]) Schreiben an Pieper vom 14. Febr. 1874 (Siemensarchiv).

[6]) Siemensarchiv.

Am 31. März und 1. April 1874 kamen eine Anzahl Herren zur Gründung des Vereins in Berlin zusammen. Die Satzungen wurden beraten und Siemens wurde mit der Leitung und mit der Ausführung aller Maßregeln „nach seinem Ermessen" beauftragt[1]). Die Satzungen umfaßten 16 Paragraphen[2]). Als Zweck des Vereins gab der § 1 an: „geregeltes Zusammenwirken aller berufenen Kräfte", um einheitliche Patentgesetzgebung herbeizuführen.

Siemens selbst umriß die Aufgabe in einer sogleich von ihm ausgearbeiteten Werbeschrift mit folgenden Worten: Der Patentschutzverein solle „die gerade in Deutschland infolge des daselbst bestehenden irrationellen und schädlich wirkenden Patentwesens in weiten Kreisen bestehende Abneigung gegen Patentschutz überhaupt überwinden und andererseits richtige Anschauungen über ein zweckmäßiges Patentgesetz, sowohl in den beteiligten Kreisen wie in den gesetzgebenden Faktoren herbeiführen[3])". In der nämlichen Denkschrift schilderte er die Lage der Industrie, legte die Notwendigkeit eines Patentgesetzes dar und kennzeichnete als unerläßliche Vorbedingung für ein erfolgreiches Vorgehen den Zusammenschluß einer möglichst großen Zahl gewichtiger Namen.

Den Entwurf dieser Schrift schickte er am 8. April an Klostermann und am 11. April an Pieper zur Durchsicht. Klostermann schlug noch einige Änderungen vor, die Siemens berücksichtigte. Am 17. April ging dann die Denkschrift zunächst an alle bedeutenderen Fabrikanten Deutschlands. Siemens hatte in diesem Falle seine Schrift persönlich unterschrieben, um, wie er sagte, durch sein Ansehen als Industrieller gerade in den Augen der Industriellen der Sache besonderen Nachdruck zu verleihen[4]).

Wir haben schon oben (S. 17) gesehen, wie Siemens in dieser Schrift die traurige Lage der Industrie schildert, die unter der mangelhaften, zerfahrenen Patentgesetzgebung der deutschen Staaten schwer zu leiden hatte. Dann fährt er fort: „Wenn es hiernach aber auch für ein dringendes und unabweisliches Bedürfnis der Industrie des Landes erklärt werden muß, daß die Verheißung der Reichsverfassung erfüllt und anstatt des bestehenden irrationellen und regellosen Patentunwesens ein einheitliches deutsches Patentgesetz erlassen wird, so ist es andererseits eine dringende Pflicht der Träger der deutschen Industrie, dahin zu wirken, daß dies Patentgesetz nicht einseitig die Interessen der Erfinder schützt, sondern daß in erster Linie das Interesse der Industrie selbst darin Berücksichtigung findet. Die großen Nachteile einer Gesetzgebung, welche nur den Erfinderschutz, nicht die wirtschaftlichen Erfolge ins Auge faßt, sind durch die Erfahrungen klar dargelegt und haben in vielen Ländern das Streben nach einer Reform der Patentgesetzgebung hervorgerufen. Im Wiener Internationalen Patentkongreß ist nach harten Kämpfen der Grundsatz durchgedrungen und in einer Reihe von Beschlüssen festgestellt, daß die Patentgesetzgebung in allen Industrie treibenden Ländern möglichst gleichmäßig und in dem Sinne zu reformieren sei, daß der technische Fortschritt durch sie möglichst gesichert und beschleunigt werde, und zu dem Ende den Patenten der Charakter hemmender Monopole möglichst zu nehmen sei."

Hierauf bespricht er die Schwierigkeiten, die zu überwinden sind und kommt zu

---

1) Ein von André geschriebener kurzer Sitzungsbericht befindet sich im Siemensarchiv.

2) Abgedruckt in Zeitschrift des Vereins deutscher Ingenieure 1874, S. 300.

3) Siemenssche Denkschrift zur Gründung des Vereins vom 17. April 1874. — Handschriftlicher Entwurf und autographischer Abzug im Siemensarchiv.

4) Schreiben an Klostermann, 8. April 1874 (Siemensarchiv).

dem Ergebnis, daß es einer „anhaltenden, wohlgeleiteten und mit ausreichenden Mitteln ausgerüsteten Agitation" bedarf, um zum Ziele zu kommen. Aber: „soll der Zweck erreicht werden, so ist es notwendig, daß eine große Zahl gewichtiger Namen dem Vereine gleich beim ersten Auftreten eine feste Grundlage und eine mächtige Stütze gibt. Das Komitee ist daher entschlossen, nur dann mit der Vereinsbildung vorzugehen, wenn dies der Fall ist". Er legte den größten Wert darauf, gerade die Industrie stark heranzuziehen, weil er die Wahrnehmung gemacht hatte, daß in den „hiesigen legislatorischen Kreisen die Ansicht vorherrscht, daß nur etliche gewinnsüchtige Erfinder Interesse an einer Reichspatentgesetzgebung nähmen[1])". Ähnlich schreibt er auch am 7. Mai an Borsig[2]), daß der Patentschutzverein „nicht den Zweck hat, die Erfinderinteressen, sondern die der Industrie im allgemeinen durch Herbeiführung eines vernünftigen, die Interessen der Industrie an erster Stelle berücksichtigenden, deutschen Patentgesetzes zu wahren". Der Verein kann deshalb nur Erfolg haben, „wenn achtunggebietende Namen und womöglich die aller Träger der Großindustrie an der Spitze stehen". In diesen Namen liege „eine lebendige Kraft, die nicht unberücksichtigt gelassen werden kann[3])". Diese Auffassung führte aber dazu, daß er auch weiterhin hinter seinem Werk zumeist zurücktrat und es nach außen nur im Namen der Körperschaft vertrat[4]).

Der Erfolg der Denkschrift war nun zunächst sehr gering. Das lag wohl zum Teil an dem Vorgehen Piepers. Dieser, — der Generalsekretär des Internationalen Komitees, der auch in ähnlicher Eigenschaft dem Patentschutzverein angehören sollte —, begann gerade zu jener Zeit auf eigene Faust eine Agitation. Er wandte sich an dieselben Leute, an die die Siemenssche Denkschrift versandt werden sollte, und forderte sie auf, eine von Pieper verfaßte Eingabe an den Reichstag zu unterzeichnen. Dadurch rief er Verwirrung hervor. Dazu kam, daß die Piepersche Eingabe ganz zur Unzeit kam, weil der Reichstag auseinandergegangen war und in den nächsten Monaten keine Tagungen zu erwarten waren, und weil außerdem offensichtlich die ganze Angelegenheit noch nicht parlamentsreif war. Die Eingabe war auch unvorteilhaft abgefaßt[5]). Das ganze Unternehmen schien scheitern zu sollen. Am 25. April 1874 schreibt Siemens darüber an Pieper[6]): „Die Sache scheint nicht gut zu gehen... Es kann nicht nützen, einen toten Körper zu galvanisieren." — Am 27. April 1874 an Becker[7]): er werde sich infolge der sehr schädlichen, wilden Agitation Piepers wahrscheinlich veranlaßt sehen, sich „einstweilen ganz von der Sache zurückzuziehen". — Am 29. April 1874 spricht er Klostermann gegenüber von den geringen Erfolgen des Werbeschreibens und stellt dem Komitee seinen Austritt in Aussicht, wenn man auf den Pieperschen Wegen gehen wolle[8]). — Am 1. Mai 1874 schreibt er im selben Sinn an Pieper[9]). Siemens suchte die Lage dadurch zu retten, daß er durch Briefwechsel mit hervorragenden Industriellen diesen seine Ziele näherrückte.

---

[1]) Schreiben vom 18. April 1874 an Prof. Karmarsch (Siemensarchiv).

[2]) Siemensarchiv.

[3]) Brief vom 4. Januar 1875 an Rosenthal (Siemensarchiv).

[4]) Vgl. S. 39[1]); 43.

[5]) Auch in anderer Weise begann Pieper später gegen den Patentschutzverein zu arbeiten. Reiche Belege hierfür finden sich in dem Siemensschen Briefwechsel aus 1874 und 1875. Auf einiges werden wir noch zurückkommen.

[6]) Siemensarchiv. [7]) Siemensarchiv.

[8]) Siemensarchiv. [9]) Siemensarchiv.

So schreibt er z. B. am 7. Mai 1874 eindringlich an Borsig und ähnlich am selben Tage an Gruson[1]). Durch das Gewicht seines Namens nnd durch sein kräftiges persönliches Eingreifen gelang es endlich, fast die ganze Großindustrie und die meisten technischen Vereine zusammenzubringen, und noch im Mai trat unter seinem Vorsitz der „Patentschutzverein" endgültig ins Leben. Er schreibt darüber am 4. Juni 1874 an seinen Bruder Wilhelm[2]): „Ich bin durch den „Patentschutzverein für das deutsche Reich", der glücklich gegründet ist und dessen Geschick ich nun als Präsident zu dirigieren habe, sehr in Anspruch genommen. Dafür ist die Sache aber auch ein großer succès! Die ganze Großindustrie und wissenschaftliche Technik Deutschlands ist im Verein vertreten, und schon haben eine Menge technischer Vereine ihren Beitritt mit ansehnlichen Beiträgen zugesagt! Ich werde Dir die Drucksachen zuschicken, damit wir Fühlung in der Sache behalten. Ich denke, wir werden auf diesem Wege unseren Zweck durchsetzen, da nicht die Erfinder, sondern die Gewerbetreibenden Deutschlands jetzt für das Patent eintreten! . . ."

Am 10. Juni 1874 schreibt er[3]): „Mit dem Patentschutzverein geht es gut vorwärts! Sie werden in diesen Tagen die Schriftstücke erhalten, und bitte ich dann um etwas Propaganda zur Beschaffung von Mitgliedern."

Am 9. September 1874 trat auch der Verein deutscher Ingenieure vollzählig dem Patentschutzverein bei[4]).

War bereits der Internationale Kongreß in Wien sehr eindrucksvoll, so daß viele bisherige Gegner für den Patentschutz gewonnen wurden, so war nunmehr schon die bloße Gründung eines Vereins von solcher umfassender Größe eine neue gewaltige Kundgebung.

Die Namen, die im Verein vertreten waren, zeigten, daß es nicht um die Sonderinteressen einzelner, nämlich der Erfinder, ging, sondern um ein großes, allgemeines Interesse der Industrie. Gerade dies zu zeigen aber war, wie wir schon sahen, die bewußte Absicht von Siemens bei der Gründung des Vereins. Darin und in der Schaffung eines brauchbaren Gesetzentwurfes sah er den Schlüssel des Erfolges. Er sagte später: Der glückliche Erfolg sei wesentlich dem Umstand zu verdanken, daß es möglich wurde, „einen vollständigen Gesetzentwurf auszuarbeiten und damit den früher fast allgemein angenommenen Satz, daß es nicht möglich sei, ein Patentgesetz zu schaffen, welches nicht nur den Erfindern, sondern auch der Industrie selbst nutzbringend wäre, zu widerlegen[5])".

Damit ist auch das nächste Arbeitsziel des Patentschutzvereins ausgesprochen: es galt — wie schon früher bei der Arbeit des Vereins deutscher Ingenieure — einen brauchbaren Entwurf für ein Patentgesetz vorzulegen.

Hierfür ernannte der Patentschutzverein zunächst einen Ausschuß von 8 Mitgliedern. Dieser nahm den Entwurf des Vereins deutscher Ingenieure zur Grundlage. Dem Ausschuß gehörte Siemens selbst und die Juristen André, Klostermann und

[1]) Siemensarchiv. — Aus einem Brief vom 13. Mai 1874 an Pieper (ebenfalls Siemensarchiv) ergibt sich, daß er im Begriff stand, noch eine Reihe weiterer Briefe zur Belebung des Interesses zu schreiben.

[2]) „Auswahl von Briefen", S. 445.

[3]) An Gregor (Siemensarchiv).

[4]) Zeitschrift des Vereins deutscher Ingenieure 1874, S. 685ff.

[5]) „Auswahl von Briefen", l. c. S. 526.

Rosenthal an. Diese Gruppe von 4 Leuten hat auch im wesentlichen die ganze weitere Arbeit getan. Wie hoch Siemens die Mitwirkung gerade der drei Juristen schätzte, hat er später einmal ausgesprochen: „Diese Herren haben ohne irgendein eigenes Interesse zur Sache sich mit großem Eifer und Fleiß der übernommenen Aufgabe gewidmet und sich dadurch ein unzweifelhaftes Verdienst um die deutsche Industrie erworben. Es ist dies um so höher anzuerkennen, als früher kaum ein Jurist in Deutschland zu finden war, welcher nicht die damals herrschende, von der Staatsregierung vertretene und begünstigte Ansicht teilte, daß das Patentwesen schädlich wirkte und sich überlebt hätte und daß ein rationelles Patentgesetz überhaupt nicht zu machen wäre![1])" Wie fruchtbar andererseits für die Anschauungen der Juristen der enge Verkehr mit dem erfahrenen Erfinder und Kenner der Industrie war, darüber wurde schon oben (S. 26f) einiges gesagt.

Für die Umarbeitung des früheren Entwurfes übernahm André ein „Promemoria", Klostermann das „Korreferat". Beides ging dann an Siemens zur Begutachtung[2]).

Siemens scheint sich große Hoffnungen auf rasche Erledigung gemacht zu haben. Am 28. Oktober 1874 schreibt er: „Wir hoffen, daß ein Gesetzvorschlag, den wir ausarbeiten, noch in diesem Jahre mit geringen Abänderungen zum Gesetz erhoben werden wird[3])." Dann am 18. November: „Es ist jetzt die höchste Zeit, die Sache an den Bundesrat gelangen zu lassen, da ich von verschiedenen Seiten erfahren habe, daß die Patentfrage im Reich in Fluß gekommen sei. Der Bundesrat hat bisher auf unsere Eingabe gewartet, will jetzt aber doch auch ohne sie vorgehen, wie es scheint, um noch in dieser Session eine Vorlage an den Reichstag zu machen[4])." Dann am 30. November: „Ich habe eine abscheuliche Woche hinter mir. Ich war mit Kopf- und Zahnweh geplagt und hatte dabei die Gesetzkommission des Patentschutzvereins hier versammelt und mußte derselben von früh bis spät präsidieren! Doch auch das Vergnügen wäre glücklich überstanden! Es ist viel Wahrscheinlichkeit, daß Bundesrat und Parlament unser Elaborat mit wenig Änderungen annehmen werden. Am meisten Schwierigkeiten machte der Lizenzparagraph. Es war schwer, dem Patentgericht eine Basis dafür zu geben. Ich habe durchgesetzt, daß als solche angenommen ist, daß die verlangte Lizenzgebühr ein Drittel des durch die Erfindung gebrachten Nutzens nicht übersteigen soll. Ich denke, Du wirst damit einverstanden sein . . .[5])." Bei der darin erwähnten „Lizenz"frage handelte es sich darum, den Lizenzzwang in das Gesetz aufzunehmen. Nach § 32 des Entwurfes sollte der Patentinhaber verpflichtet sein, jedermann gegen eine angemessene Entschädigung die Ausführung der Erfindung zu gestatten. Im Streitfall sollte der Patenthof entscheiden. Als Anhalt dafür, wie die Entschädigung zu bemessen sei, hieß es, sie solle in der Regel ein Drittel des Gewinns nicht übersteigen. Siemens war für diese Bestimmung eingetreten, um den Einwänden der Freihandelsschule zu begegnen, wonach die Patente zu sehr die Bewegungsfreiheit der Industrie hemmten, zu sehr Monopolcharakter hätten. Er hoffte, dadurch den noch immer vorhandenen starken Widerstand

---

[1]) „Auswahl von Briefen", l. c. S. 526.

[2]) Schreiben Andrés an Siemens vom 2. November 1874 (Siemensarchiv).

[3]) An Webster (Siemensarchiv).

[4]) An André (Siemensarchiv).

[5]) An Wilhelm Siemens (Siemensarchiv). — Wie schon oben gesagt (S. 35; 42), war Wilhelm in England ebenfalls für ein neues Patentgesetz tätig und die Brüder wollten übereinstimmend vorgehen.

zu beseitigen und den Gegnern eine Brücke zu bauen[1]). In der Einleitung zum Entwurf, hieß es, „daß das öffentliche Interesse in allen Fällen verlangt, daß die Erfindung nicht monopolisiert, sondern sofort der allgemeinen Benutzung zugänglich gemacht werde".

Am 14. Dezember 1874 schreibt Siemens: „Am Donnerstag nachmittag habe ich einen akademischen Vortrag zu halten und abends 7 Uhr eine Patentgesetzkonferenz, wo dann der Gesetzentwurf für den Bundesrat definitiv festgesetzt werden soll[2])." Die Sitzung war am 20. Dezember und dauerte bis nachts 12 Uhr[3]). Man arbeitete mit Hast und Hochdruck. Siemens ließ dann den Entwurf nebst Motiven drucken und im Buchhandel veröffentlichen[4]). Er entwarf ein Schreiben an den Bundesrat, das er Rosenthal, André und Klostermann zur weiteren Bearbeitung sandte[5]). Das Ganze ging dann an die anderen Vorstandsmitglieder zur Genehmigung und hiernach am 23. Januar 1875 an den Bundesrat, ohne noch der Generalversammlung vorgelegen zu haben.

Diese Hast war hervorgerufen durch die Anschauung, daß Delbrück günstiger gesonnen sei als früher, und daß die Regierung mit dem Erlaß eines Patentgesetzes Ernst machen wolle (vgl. S. 41, 46, 52). Aber man hatte sich wohl doch über die Stimmung der Regierung getäuscht. Siemens hatte einige Zeit danach eine Besprechung mit Delbrück wegen anderer Fragen und berichtet, daß Delbrück auf seine „Frage, ob er unsere Petition bereits in Händen gehabt hätte, nur die schöne Kalligraphie derselben zu loben wußte und über alles übrige diplomatisch sich ausschwieg![6])"

Der Inhalt des Entwurfes sowohl als das eigenmächtige Vorgehen gaben nun Anlaß zu schweren Angriffen gegen Siemens und verschiedene andere Vorstandsmitglieder. Pieper war der Führer dieser Angriffe, die eine Zeitlang viel Unruhe machten und den Fortgang hemmten. Von dem Inhalt des Entwurfes rief hauptsächlich der Lizenzparagraph Einwände hervor. Man sah vielfach den Lizenzzwang geradezu als gleichwertig mit Patentlosigkeit an. Auch in der Literatur wurde die Frage viel erörtert[7]). Zweifellos schließt der Vorschlag in seiner starren, ursprünglichen Form erhebliche Gefahren in sich. Man wird nicht fehlgehen in der Annahme, daß auch Siemens diese Gefahren wohl erkannte. Für ihn galt es aber, wie schon

---

[1]) Nach Andrés Bericht auf der Generalversammlung vom 23. März 1875 lt. „stenogr. Bericht", Dresden 1875, S. 18. — Es ist gelegentlich gesagt worden, daß der Gedanke des Lizenzzwanges von Ratkowsky herrühre. Ratkowsky hatte eine Schrift „Zur Reform des Erfinderrechts" (Wien 1870) erscheinen lassen. Darin schlug er ein höchst merkwürdiges System vor. Der Erfinder sollte kein Patent bekommen, sondern eine bestimmte Anzahl Marken. Es sollte auch niemand gehindert sein, die Erfindung auszuführen, aber jeder war verpflichtet, auf jeden von ihm hergestellten die Erfindung verkörpernden Gegenstand eine solche Marke zu kleben, die er vom Erfinder kaufen sollte. Das sollte solange gelten, bis der dem Erfinder von der Behörde übergebene Markenvorrat erschöpft wäre. Das war ein auf Unerfahrenheit beruhender Vorschlag, der jedenfalls mit dem im Rahmen eines Patentgesetzes vorgesehenen Lizenzzwang wenig zu tun hat.

[2]) An Friedrich Siemens (Siemensarchiv).

[3]) Vgl. Pieper in „Stenographischer Bericht", l. c. S. 27, Fußnote).

[4]) „Entwurf eines Patentgesetzes . . .", vorgelegt in einer Petition an den Bundesrat des Deutschen Reiches durch den deutschen Patentschutzverein, Berlin 1875 (Verlag Kortkampf).

[5]) Schreiben an Rosenthal vom 4. Januar 1875 (Siemensarchiv).

[6]) Am 15. März 1875 an André (Siemensarchiv).

[7]) So z. B. von Heinrich Simon, „Briefe über die deutsche Patentfrage", Manchester 1876, S. 31: „Der Lizenzzwang kommt im Prinzip auf eine Aufhebung des Patentschutzes hinaus." — Ähnlich in einer namenlosen Schrift von R. L.: „Etwas über die gegenwärtige Geschäftsstille . . .", Berlin 1876, S. 42.

oben (S. 52) gesagt, zunächst den Widerstand der Freihändler zu beseitigen. Er scheint auch damit gerechnet zu haben, daß, wenn erst einmal die ganze Frage in Fluß gekommen sei, die bedenklichen Seiten dieser Bestimmung leicht durch passende Einschränkungen beseitigt werden könnten[1]).

Am 23. März 1875 wurde die Sache in einer Generalversammlung besprochen. „Es ging gestern heiß her", schreibt Siemens am folgenden Tag an seinen Bruder Karl. Pieper „griff den Gesetzentwurf, den er selbst mitberaten und unterschrieben hat, erst in einer anonymen Broschüre und gestern persönlich auf das Wütendste an . . .[2])".

Es war in der Tat heiß hergegangen. Siemens begründete die Eiligkeit des Vorgehens und bat um Indemnität. Wegen der sachlichen Einwände meinte er, daß über Einzelheiten noch immer verhandelt werden könne. Die Hauptsache sei, daß die „Prinzipien" „treu und ehrlich" im Entwurf niedergelegt seien[3]). Die große Mehrheit stellte sich schließlich auf seine Seite, aber man beschloß, den Entwurf unter Berücksichtigung aller Einwendungen nochmals durchzuarbeiten. Hierfür ergänzte sich die Kommission durch zwei weitere Mitglieder. Pieper schied aus.

Am 22. April 1875 versandte Siemens im Namen des Vereins eine Umfrage, um begründete Vorschläge für die Neubearbeitung zu bekommen. André schreibt am 5. Mai an Siemens[4]): „Wir müssen also jetzt die weitere Entwicklung abwarten und zunächst Anträge entgegennehmen. Diese müssen in der Kommission beraten und dann von der Kommission ein Bericht abgefaßt und dieser gedruckt werden. Danach erst kann wieder eine Generalversammlung sein." André und Klostermann waren inzwischen bemüht, die öffentliche Meinung zugunsten des Entwurfes zu gewinnen[5]).

Siemens aber blieb in der nächsten Zeit immer in enger Fühlung mit Wilhelm, der in England in ähnlichem Sinne für ein neues Patentgesetz arbeitete (vgl. S. 52[5]). Besonders aus Ende Mai und Anfang Juni ist Briefwechsel über mancherlei Einzelheiten des Gesetzentwurfes vorhanden. Ende August oder Anfang September war dann eine Sitzung, in der die Änderungsvorschläge beraten wurden[6]). Diese muß sehr anstrengend gewesen sein. „Die letzten Tage habe ich hart am Patentgesetz gelitten! Jetzt ist die Geschichte endlich vorbei," sagt er am 7. September 1875[7]).

Am 23. September 1875 wurde ein gedruckter Bericht über das Ergebnis der Beratungen versandt. Vor allem hatte man den Lizenzzwangparagraphen etwas vorteilhafter gestaltet.

Am 15. November war eine außerordentliche Generalversammlung. Man beriet den Entwurf von neuem und beschloß noch einige Änderungen. Danach bearbeitete

---

[1]) Das findet sich angedeutet sowohl in seinem Briefwechsel aus der Zeit als auch in seinen Ausführungen auf der Generalversammlung vom 23. März 1875 und der außerordentlichen Generalversammlung vom 15. November 1875.

[2]) Siemensarchiv.

[3]) Stenographischer Bericht, l. c. S. 5. — Vgl. auch den offiziellen „Bericht über die Generalversammlung".

[4]) Original im Siemensarchiv.

[5]) Aufsätze von ihnen finden sich z. B. in „Deutsche Industriezeitung" 1875, Heft 20/21 und ebenda Heft 23.

[6]) Die gesamten Akten des Patentschutzvereins scheinen abhanden gekommen zu sein, so daß sich ein vollständiges Bild nicht mehr gewinnen läßt. Von den gedruckten oder autographierten Berichten findet sich noch einiges im Siemensarchiv und in der Bibliothek des Reichspatentamts.

[7]) „Auswahl von Briefen", l. c. S. 478.

der Vorstand den endgültigen Entwurf. Dieser wurde im Februar 1876 veröffentlicht[1]) und baldigst dem Bundesrat vorgelegt. Hauptpunkte waren: Eine Patentbehörde für's ganze Reich — Prüfung in Verbindung mit Aufgebotsverfahren[2]) — Lizenzzwang, jedoch erst nach Ablauf von 5 Jahren; vorher nur, wenn der Inhaber selbst nicht genügend ausführt. Dafür aber Wegfall eines besonderen Ausübungszwanges[3]). — Vollständige Druckveröffentlichung[4]) jedoch nicht vor Erteilung[5]). — Den Anspruch hat der Erfinder (Rechtsnachfolger) — Dauer bis zu 15 Jahren vom Tage der Bekanntmachung der Beschreibung — Zusatzpatente, die mit dem Hauptpatent ablaufen — Steigende Jahresabgaben — Patentgerichtshof[6]). — Rechtsweg bei ungerechtfertigter Versagung des Patentes.

Über den viel umstrittenen Lizenzzwang wird in der „Einleitung" gesagt: Auf dem Wiener Kongreß sei vorgeschlagen worden, nur dann zur Lizenz zu verpflichten, wenn das öffentliche Interesse es verlangt. „Es muß jedoch behauptet werden, daß das öffentliche Interesse in allen Fällen verlangt, daß die Erfindung nicht monopolisiert, sondern sofort der allgemeinen Benutzung zugänglich gemacht werde." Dann aber vor allen Dingen solle der Lizenzzwang auch „Schutz gegen die Ausbeutung des einheimischen Marktes durch ausländische und im Ausland fabrizierende Patentinhaber gewähren und an die Stelle des ... direkten Zwanges zur Ausführung der Erfindung treten, welcher sich als ganz unwirksam erweist". Es empfehle sich aber, den Lizenzzwang für die ersten fünf Jahre auszusetzen, sofern der Patentinhaber selbst oder durch andere seine Erfindung im Inland ausreichend zur Anwendung bringt. „Wird dieses Lizenzprinzip (§ 32) angenommen, so hört der Patentschutz auf zu sein, was er gegenwärtig in Deutschland ist: ein mit Geheimhaltung der Erfindung verknüpftes Monopol, welches die Gewerbefreiheit einschränkt und den Fortschritt der Industrie hemmt, ohne dem Erfinder die entsprechenden Vorteile zu gewähren. Der Erfinder wird darauf hingewiesen, das ihm erteilte Recht durch möglichst ausgedehnte Lizenzerteilung auszunutzen, statt wie bisher dasselbe zum öffentlichen Nachteile und nicht selten zum eigenen Schaden zu monopolisieren."

VI. Gegen Delbrück — Regierungsentwürfe (1876—1877).

Um nun Delbrücks verhängnisvollen Widerstand zu brechen, der auf den Lehren der Freihandelsschule fußte, galt es, nochmals einen mächtigen Vorstoß gegen diese Ansichten zu unternehmen. Drum verfaßte Siemens eine Denkschrift über die Notwendigkeit des Patentschutzes und überreichte sie Bismarck mit einem

[1]) „Revidierter Entwurf eines Patentgesetzes ... Redigiert nach den Beschlüssen der Generalversammlung vom 15. November 1875." — Berlin 1876.

[2]) Die Prüfung sollte keinesfalls schon zur Versagung führen können. „Die Vorprüfung durch die Staatsbehörde setzt eine Unfehlbarkeit der letzteren voraus, welche diese nicht besitzt. Sie entbehrt der Garantien gegen Irrtum und Mißbrauch," l. c. S. 7.

[3]) Der Patenthof soll entgegen dem früheren Entwurf die Lizenzgebühr im Streitfall nicht festsetzen, sondern nur entscheiden, ob eine vorgeschlagene Gebühr angemessen sei. Eine Grenze für die Bemessung der Gebühr war nicht mehr angegeben.

[4]) „Diese Veröffentlichung ist häufig und mit Recht als die Gegenleistung bezeichnet worden, welche der Erfinder der Gesamtheit für das ihm vorübergehend eingeräumte Vorrecht gewährt," l. c. S. 9. — Als allgemeine Forderung für die Erfinder wurde noch geltend gemacht: „Eine Erfindung hat erst dann Anspruch auf Berücksichtigung, wenn sie durchgearbeitet und soweit zum Abschluß gebracht ist, daß sie fertig dasteht," l. c. S. 25 (vgl. oben S. 14; ferner S. 45[2]).

[5]) Vor der Erteilung sollte die Patentbeschreibung nur öffentlich ausgelegt werden.

[6]) Dieser soll über Gültigkeit, Auslegung und Lizenzierung entscheiden; Verletzungsklagen dagegen stehen den ordentlichen Gerichten zu.

besonderen Hinweis auf die widerstrebenden Kräfte seiner Umgebung[1]). Dies hatte eine vortreffliche Wirkung.

Um die Bedeutung dieses vielleicht wichtigsten Schrittes, den Siemens unternahm, zu überschauen, müssen wir nochmals kurz auf den Geist der sog. Antipatentbewegung eingehen.

Wir haben bereits wiederholt gesehen, wieviel berechtigten Anlaß zu dieser Bewegung die Mängel gaben, die in der Anwendung des Eigentumsbegriffes auf die Erfindungen und in der sog. „moralischen" Begründung des Patentschutzes liegen[2]).

Ähnliche Schwierigkeiten entstanden dadurch, daß man die innere Berechtigung des Patentschutzes durch Anwendung des Urheberrechts auf Erfindungen zu erweisen suchte. Die Patentgegner konnten hierauf erwidern, ein Werk der Literatur und der Kunst sei etwas ganz Individuelles, das nur einmal geschaffen werden könne und nur Einem zugänglich sei; Erfindungen dagegen werden regelmäßig von Vielen unabhängig voneinander gefunden. Der Vergleich mit dem Urheberrecht sei darum unhaltbar.

Eine dritte Reihe von Bedenken gegen den Patentschutz entstand aus mangelnder Erfahrung, insbesondere durch mißverständliche Auffassung der Patente als Privilegien oder Monopole, die im Widerspruch zu der schwer errungenen Gewerbefreiheit zu stehen schienen[3]). Insbesondere die Freihandelsschule sah die Patente als ein Kulturhemmnis, als einen „morschen Ast am Baume der Kultur" und als ein „anachronistisches Überbleibsel aus der Zunftzeit" an. Sie seien nicht besser als andere Monopole oder Privilegien und daher grundsätzlich zu bekämpfen. Jedes Patent sei ein Widerspruch zur Freiheit der Betätigung, ein Raub an der Gesamtheit. Auch für den Preis einer Veröffentlichung der Erfindung sei ein solches Monopol nicht gerechtfertigt.

Selbst die Sonderrechte für tatsächlich neue Erfindungen seien eine viel zu nachteilige Beschränkung der Allgemeinheit. Sie bringen nicht nur keinen Vorteil, sondern wirken auch geradezu hemmend. Der angebliche Vorteil der rascheren Verbreitung der Kenntnis von Erfindungen trete nicht ein, denn durch die „Arbeit Aller" würde zwangläufig dasselbe erzielt. Durch das Patent aber würde gerade die Gesamtheit von der Mitwirkung auf lange Zeit hinaus ausgeschlossen. Das sei um so bedenklicher, da doch allgemein bekannt sei, daß Erfindungen nicht nur von einem, sondern von vielen unabhängig voneinander gemacht zu werden pflegen. Außerdem würde ein voreiliges Wettrennen um das Patent hervorgerufen und dadurch die Durchbildung der Erfindungen beeinträchtigt. Jedenfalls sei der Patentschutz der Allgemeinheit nur nachteilig.

---

[1]) Diese Denkschrift nebst Begleitschreiben wurde durch Druck vervielfältigt. Die Denkschrift selbst ist auch abgedruckt in „Wissenschaftliche und technische Arbeiten", Bd. II, 2. Aufl., S. 561 ff. unter dem Titel: „Denkschrift betreffend die Notwendigkeit eines Patentgesetzes für das Deutsche Reich." — Es kann sein, daß der allgemeine Gedanke, an Bismarck in irgendeiner Art persönlich heranzutreten, von André angeregt wurde. André schrieb am 17. November 1875 an Siemens: „Unterwegs ist mir durch den Kopf gegangen, ob es nicht zweckmäßig sei, jetzt, wo die Angelegenheit in Fluß zu kommen scheint, doch etwas Druck noch nachzusetzen und ob es nicht möglich sei, Bismarck auf den politischen Machtzuwachs aufmerksam zu machen, den das Reich erfährt, wenn das Patentwesen in unserem Sinne geregelt wird. Überlegen Sie sich das doch einmal. Gelegenheit, eine desfallsige Notiz an Bismarck gelangen zu lassen, müßte gesucht werden" (Original im Siemensarchiv).

[2]) Vgl. S. 7 f.; 9 f.; 22 ff.; 26 f.; 36; 47.

[3]) Vgl. S. 4; 10; 18 f.; 37.

Wenn daher wirklich ein Erfinder etwas Hervorragendes leiste und dadurch die Welt weiter vorwärts bringe, so müsse er sich damit begnügen, daß er seinen Lohn in sich selbst trage, ebenso wie derjenige, der auf irgendeinem anderen Gebiet etwas Großes geleistet habe. Jeder, auch der Erfinder, stehe ja doch nur auf den Schultern der Mit- und Vorwelt. — Daß es tatsächlich auch ohne Patente gehe, zeige sich in Ländern wie der Schweiz, die keinen Patentschutz und dennoch eine blühende Industrie haben[1]).

Diese Anschauungen waren um so schwerer zu bekämpfen, weil sie mancherlei Wahres enthielten, so vor allem, wenn sie nachwiesen, daß der Eigentumsbegriff auf die Erfindungen nicht anwendbar sei und daß das Patentwesen nicht in der zumeist üblichen Weise durch die „natürlichen" Rechte der Erfinder begründet werden könne und mit dem Urheberrecht gar nichts zu tun habe[2]). Auch in der volkswirtschaftlichen Begründung des freihändlerischen Standpunktes lag manches Körnchen Wahrheit; aber der Gesichtskreis war beschränkt. Es fehlte den einseitigen, abstrakten Theoretikern die unmittelbare Anschauung. Sie verachteten die Erfahrungen der Praktiker. Das hat ihnen mit einem sehr treffenden Wort Friedmann auf dem Wiener Kongreß 1873 entgegengehalten: „Wir Ingenieure haben auch eine Wissenschaft, und schließlich ist die Volkswirtschaft das Deduzierte von dem, was wir geschaffen haben. Sie arbeitet mit Prinzipien, die doch nur das Differential unserer Prinzipien sind, die das Integral darstellen[3])"; und Siemens schrieb einmal, daß die „hochverdiente Freihandelspartei, der ich auf anderen Gebieten stets zugewandt war, wegen mangelnder Erfahrung auf industriellen Gebieten ein Vorurteil gegen jede Patentgesetzgebung kundgibt[4])".

Besonders schwer zu überwinden war die allgemein übliche Verquickung der volkswirtschaftlichen Gesichtspunkte mit den moralischen, die immer wieder zu neuen Bedenken und Einwendungen Anlaß gab. Erst ein Mann wie Siemens, der die umfangreichsten praktischen Erfahrungen mit tiefer wissenschaftlicher Einsicht verband, mußte sich mit dem ganzen Gewicht seiner Persönlichkeit dafür einsetzen, um aus der Verwirrung herauszuführen, die selbst bei sehr vielen von denen herrschte, die sich über die volkswirtschaftliche Bedeutung des Patentschutzes an sich klar waren[5]); und um alles auszumerzen, was in dem Kampf nur schädlich wirken konnte, und ferner das Wesentliche so in den Vordergrund zu rücken, daß es unbedingt überzeugend wirkte. Dies war das Ziel der Denkschrift.

---

[1]) Diese Darstellung gibt den ganz kurzen Auszug dessen, was in zahlreichen Schriften der Freihändler und in Kongreßberichten u. dgl. sich zerstreut findet.

[2]) Es sei hier an das S. 23[1]) Gesagte erinnert.

[3]) Amtlicher Bericht über den Internationalen Patentkongreß 1873, S. 56.

[4]) Brief vom 14. März 1875 an die Nationalzeitung (Siemensarchiv). — Ähnlich auch in einem Brief an Krieger, der aus derselben Zeit stammt (Siemensarchiv). — Am stärksten trat jener Mangel an Erfahrung naturgemäß bei solchen Gegnern hervor, die an sich klare Köpfe und scharfe Denker waren. Zu diesen gehörte vor allem der Führer der ganzen Antipatentbewegung, Prince-Smith, der sich über die allein möglichen Grundlagen eines Patentschutzes durchaus im klaren war und hauptsächlich darum Gegner war, weil er glaubte, daß die Patente für das Gemeinwohl schädlich seien, da sie das Zustandekommen von Erfindungen erschweren, ihre allgemeine Anwendung hemmen und sogar den Erfindern selbst mehr Nachteil als Vorteil bringen. Vgl. z. B. seine Darlegungen in Fauchers „Vierteljahrsschrift für Volkswirtschaft" 1863, Bd. III, S. 158 ff. u. 221. — Vgl. auch oben S. 34.

[5]) Vgl. beispielsweise S. 8 u. 9, sowie S. 27 f.

Siemens hat auf die Ausarbeitung der Denkschrift größte Sorgfalt verwendet. Am 22. März 1876 schreibt er[1]: „Mein Exposé für Bismarck beschäftigt mich jetzt sehr. In wenig Worten viel zu sagen ist schwer. Ich denke es soll durchschlagend wirken sowohl für das Patentwesen wie für unsere Geschäftsinteressen." Es ist ihm denn auch gelungen, die Verhältnisse mit überraschender Klarheit aufzudecken.

In den Mittelpunkt rückte er zunächst die schwere Krise der deutschen Industrie, die seit einigen Jahren jedermann große Sorge machte, und die ihm geeignet schien, die wirtschaftlichen Zusammenhänge besonders scharf hervortreten zu lassen[2]). Der Inhalt der Denkschrift ist kurz folgender:

Die deutsche Industrie hat in den letzten Jahrzehnten einen mächtigen Aufschwung genommen. Dieser beruht auf zweierlei: 1. auf der Nachahmung fremder Erfindungen, 2. auf den billigen Löhnen. — Die Nachahmung wird durch das Fehlen eines ausreichenden Schutzes in Deutschland erleichtert; sie geschieht auf Grund von fremdländischen Patentschriften und durch Auskundschaften fremdländischer Fabriken.

„Die notwendige Folge dieses Entwicklungsganges der deutschen Industrie war die, daß die deutschen Fabrikate sowohl im Inlande wie im Auslande den Ruf billiger aber schlechter Ware erhielten[3])."

Dieses deutsche industrielle System erlitt nun in den letzten Jahren zwei geradezu vernichtende Stöße: 1. die Möglichkeit der Nachahmung wurde außerordentlich beschränkt durch die Vervollkommnung der Arbeitsmaschinen und die darauf beruhende Massenfabrikation. Die Nachahmung wäre nur mit verwickelten, kostspieligen Einrichtungen möglich; dafür ist aber zumeist das Risiko zu groß und der von dem Ersten gewonnene Vorsprung auf dem Markte ist auch nicht leicht einzuholen. 2. Die billigen Löhne schwanden durch die Entwicklung nach dem Kriege.

Um hier abzuhelfen und die Industrie vor gänzlichem Verfall zu bewahren, gibt es nur einen Weg: die Vermehrung und Stärkung der geistigen Kräfte, die in der Industrie tätig sind, verbunden mit einer Hebung der Solidität und Redlichkeit.

Der Durchführung dessen stehen aber unsere Staatseinrichtungen und Verwaltungsmaximen im Wege: einesteils hat der Techniker bei uns kein Ansehen und

---

[1]) An Karl Siemens (Siemensarchiv).

[2]) Die Krise der deutschen Industrie begann 1873.

[3]) „Wiss. Arb." l. c. II, S. 561. — Dies Wort „billig und schlecht" hat später Reuleaux in seinem Bericht von der Weltausstellung in Philadelphia ebenfalls angewendet. Es hat viel Staub aufgewirbelt und ist zum „geflügelten Wort" geworden, wird als solches auch von Büchmann angeführt und fälschlich auf Reuleaux zurückgeführt. (Vgl. auch „Lebenserinnerungen", l. c. S. 261.) — Das Wort im Munde Reuleaux' erregte bei der Regierung heftigen Anstoß. Siemens schreibt darüber in einem Briefe an Reuleaux vom 13. September 1876: „Mein herzliches Bravo! für Ihre mutigen und richtigen Worte von jenseits. Vielleicht interessiert es Sie, daß ich, bald nachdem sie erschollen waren, mit Delbrücks Nachfolger (Hofmann) ein ziemlich scharfes Renkontre über dieselben gehabt habe. Der hier versammelte Vorstand des Patentschutzvereins erbat und erhielt eine Audienz bei Hofmann. Nachdem er sich günstig über unsere Bestrebungen ausgesprochen und die Enquete in nächste Aussicht gestellt hatte, sprach er plötzlich und ohne direkte Veranlassung sehr scharf gegen Ihre, die deutsche Industrie beleidigenden und niederdrückenden Angriffe auf dieselbe. Ich weiß nicht, ob dies nur gegen Sie oder auch gegen mich gerichtet war, da er meine Eingabe an Bismarck zu kennen schien, wenigstens so tat; ich nahm aber den Kampf sofort auf und setzte ihm die Richtigkeit Ihrer Anschauungen mit scharfen Worten auseinander, mit dem Schlußsatz, daß Regierung, Industrie und Land Ihnen zu großem Dank verpflichtet wären, weil sie Feuer gerufen hätten — zu rechter Zeit an rechter Stelle, bevor es zu spät wäre, und jeder mann die Flammen aus dem Dache schlagen sähe. Es machte das offenbar Eindruck auf Se. Exzellenz. Er erwiderte nichts, sondern ging auf ein anderes Thema über." („Auswahl von Briefen", l. c. S. 500.)

keinen Einfluß, anderenteils hindert die Schutzlosigkeit der Erfindungen die Industrie, die zur Ausbildung der Erfindungen nötigen Aufwendungen zu machen und treibt gleichzeitig die Erfinder ins Ausland. „Talentvolle deutsche Techniker findet man nicht viel in Deutschland, desto mehr aber in England, Amerika und anderen industriellen Ländern, wo sie wesentlich dazu beitragen, dem eigenen Vaterlande die Konkurrenz mit dem Auslande unmöglich zu machen[1]).“

Zu alledem kommen noch Lehren der theoretischen Volkswirtschaft. Diese behaupten, die Patente begünstigen nicht die Erfindung und bringen dem Erfinder keinen Nutzen. Die Ausbildung und Einführung der Erfindungen käme schneller und besser durch die „Arbeit Aller“.

Diese Lehren sind falsch. Sie werden durch die praktische Erfahrung der Industrie widerlegt: Erfindungsreiche Köpfe bleiben nur, wo sie Schutz finden. Der technische Fortschritt ist am regsten, wo der Schutz der beste ist. Die volkswirtschaftlichen Theoretiker verwechseln „Idee“ mit „Erfindung“. „Die Idee ist an sich ohne reellen Wert; sie bekommt denselben erst nach Durchlaufung eines mühsamen, kostspieligen und häufig für den Erfinder gefährlichen Weges, auf dem sie erst zur patentfähigen Erfindung ausgearbeitet werden muß[2]).“ Ist aber auf diese Art eine Erfindung glücklich entstanden, so kommt noch die Feuerprobe der Praxis, bei der die meisten wieder untergehen, und dann kommt der Kampf gegen „Gewohnheit, Vorurteil und die träge Macht des Bestehenden“. Wenn man alles der „Arbeit Aller“ überlassen wollte, so müßte jeder für sich denselben mühevollen Weg gehen. Nur die „Vaterliebe des Erfinders, verbunden mit der Aussicht auf künftige große Ehre und großen Gewinn“ vermag das zu leisten. Wird aber dem Erfinder der Schutz, den er dafür benötigt, versagt, so geht er lieber ins Ausland, als daß er seine Erfindung der „Arbeit Aller“ preisgäbe[3]).

Wie ist dem nun abzuhelfen? — Die Abhilfe ergibt sich schon aus der Schilderung der Verhältnisse selbst. Es „liegt darin der beruhigende Trost, daß eine Wendung zum Besseren leicht herbeizuführen ist und daß die deutsche Industrie sogar die Grundbedingung zu einer Blüte ohnegleichen in sich trägt[4])“. Diese Grundbedingung ist gegeben durch den hohen Stand und die weite Verbreitung der naturwissenschaftlichen Erkenntnis in Deutschland. Es braucht nur den geistigschaffenden Kräften der Industrie der nötige Spielraum für ihre volle Entwicklung und Tätigkeit gegeben und durch ein gutes Patentgesetz ihre Arbeit geschützt und lohnend gemacht zu werden, um diese Wendung einzuleiten.

Aber das allein genügt nicht. Die tief eingerissene Unsolidität muß beseitigt werden. In England, Frankreich und Amerika gilt es als unehrenhaft, fremde Erfindungen ohne Zustimmung des Erfinders zu benutzen. In Deutschland dagegen gilt es oft sogar für verdienstvoll und die Regierung begünstigt das. Dazu kommt das Streben, ausländische Fabriken auszukundschaften. Im Auslande wird dergleichen als Vertrauensbruch und Unredlichkeit angesehen. „Die deutsche Redlichkeit, von der wir viel singen und reden, hat im Auslande nur schlechten Klang — zu Deutschlands unermeßlichem Schaden[4]).“

Die wirksame Abhilfe auch hierfür gibt dasselbe Mittel, nämlich ein zweckmäßiger Patentschutz.

---

[1]) „Wiss. Arb.“ l. c. II, 563.

[2]) l. c. 564. [3]) l. c. 564f. [4]) l. c. 566.

Der Patentschutz ist ein Opfer, das die Gesamtheit bringt, aber die Gemeinschaft der Industrie treibenden Nationen verlangt ein solches Opfer. „Man betrachtet mit Recht die Erfindungspatente mit Publizierungsverpflichtung als ein Opfer an wirtschaftlicher Freiheit, welches die Gemeinschaft der industrietreibenden Nationen dem technischen Fortschritt bringt, von dessen Intensität heute wesentlich das Wohlbefinden der Völker abhängt und von dem allein eine allmählich fortschreitende Verbesserung des sozialen Zustandes der Menschheit zu erwarten ist[1]."

Das sind freilich Lasten, aber: „erst wenn das Deutsche Reich seinen vollen Anteil an diesen Lasten übernommen hat, ... und wenn die Deutschen selbst sich durch Redlichkeit im Verkehr und Tüchtigkeit ihres Schaffens die volle Achtung der anderen Völker wiedererrungen haben, wird die Welt mit der großen Umwälzung, die Deutschlands politische Auferstehung bewirkt hat, ausgesöhnt und unser Vaterland gegen alle zukünftigen Stürme gesichert sein[2])!"

Er führt dann zum Schluß noch u. a. aus: Ein gutes Patentgesetz für das Reich würde „gewichtige Bevölkerungskreise fester an das Reich und seine Institutionen knüpfen". Er weist schließlich nochmals auf die schwere Krisis hin: Viele wichtige Industriezweige liegen hoffnungslos darnieder. Schon die begründete Aussicht auf baldige Regelung des Erfindungsschutzes würde diese ermutigen, neu beleben und zu äußersten Anstrengungen anspornen.

Dieser starke Anruf mit seinem klaren, zwingenden Gedankenbau, der gestützt ist durch handgreifliche Tatsachen und Zusammenhänge, hat sicherlich auf Bismarck tiefen Eindruck gemacht. Er hat ihm die Augen geöffnet über die wirkliche Lage. Der Erfolg blieb nicht aus.

Am 8. April überreichte Siemens die Denkschrift mit einem „Sendschreiben", das er im Namen des Patentschutzvereins unterschrieb[3]). Er bat, Bismarck „wolle dem baldigen Erlaß eines Patentgesetzes sein Interesse zuwenden"; es sei sonst ein weiteres Hinausschieben dieser zur Bekämpfung der schweren gewerblichen Krisis unumgänglich notwendigen Maßregel zu befürchten, „da von gewichtigen, auch in der Staatsverwaltung vertretenen Kreisen die gänzliche Beseitigung des Erfindungsschutzes aus theoretischen Gründen erstrebt wird. Der Verein appelliert daher an Ew. Durchlaucht in der festen Hoffnung, daß dieselben seinen auf voller Sachkenntnis und praktischer Erfahrung beruhenden Gründen Ihre Anerkennung nicht versagen werden". Dieser Hinweis auf die hemmenden Kräfte in der Staatsverwaltung galt Delbrück[4]). Bismarck scheint die Sache

[1]) l. c. 566. [2]) l. c. 567.

[3]) vgl. oben S. 56[1]).

[4]) Delbrück, der Präsident des Reichskanzleramtes, galt schon seit langen Jahren als das Haupthindernis für ein wirksames Vorgehen der Regierung, vgl. S. 35, 39, 41, 46, 53. Er hat auch aus seiner Meinung kein Hehl gemacht. Nun sagt allerdings Grothe, Delbrück habe im Verein zur Beförderung des Gewerbefleißes 1877 das Patentgesetz als eine Notwendigkeit bezeichnet (Grothe, „Das Patentgesetz" 1877, S. 32, Fußnote). Gemeint ist offenbar eine Äußerung vom 4. Juni 1877. Da sagt Delbrück nach Ausweis der Sitzungsberichte, das Patentgesetz sei sehr bedeutungsvoll und der Verein zähle zu seinen Mitgliedern „einen Mann, der beständig die Notwendigkeit eines solchen Gesetzes betont und allen Einfluß auf das endliche Zustandekommen geltend gemacht hat" („Sitzungsbericht" 1877, S. 98). Damit meinte aber Delbrück nicht sich selbst, sondern offenbar Siemens. — Es ist aber auch an sich nicht undenkbar, daß Delbrück sich nachträglich von der Unhaltbarkeit seiner früheren Anschauungen überzeugt hat.

diesmal unverzüglich und wider die Anschauung Delbrücks in die Hand genommen zu haben. Er beantragte beim Bundesrat eine Sachverständigenvernehmung über die Frage. Am 11. April bereits schloß sich der IV. Ausschuß des Bundesrats dem Antrag an und am 27. April beschloß der Bundesrat in diesem Sinne.

Delbrück aber reichte seinen Abschied ein. Am 25. April bereits schreibt Siemens an seinen Bruder Wilhelm[1]): „Wie ich gestern bestimmt hörte, hat Delbrück seinen Abschied eingereicht! wegen Differenzen mit Bismarck in Eisenbahnpolitik, Handelspolitik und Patentfragen, wie man sagt. Es sollte mir leid tun, wenn er ginge, denn es fehlt ein geeigneter Ersatzmann."

Am 1. Juni 1876 schied Delbrück wegen „angegriffener Gesundheit" aus seinem Amt. Bismarck sagt darüber: „Delbrück hatte in pflichttreuer Weise, auch wenn seine Ansicht in bestimmten Fragen von der meinigen abwich, doch die meinige vertreten und zog sich zurück, als diese Vertretung mit seiner Überzeugung in einen so scharfen Widerspruch trat, daß er nicht glaubte, über denselben hinwegsehen zu dürfen. Auf seine eigene Empfehlung folgte ihm der frühere hessische Minister von Hofmann, welcher für fügsam galt und keine politische Vergangenheit zu schonen hatte[2])."

Die Bahn war frei.

Am 5. Juli 1876 schreibt Siemens an seinen Bruder Wilhelm[3]): „Wir hatten Audienz bei Hofmann, dem Nachfolger Delbrücks. Derselbe versicherte, die Sache sei im besten Gange. Eine Einladung zur Enquete, die Ende August oder Anfang September stattfindet, habe ich schon erhalten. Meine Denkschrift an Bismarck hat sehr gut gewirkt[4])."

Diese Zusammenhänge sind in der Öffentlichkeit so gut wie unbekannt geblieben.

Bis zum Zusammentritt der Sachverständigen war der Patentschutzverein eifrig bei der Arbeit, um alles vorzubereiten. Am 3. Juli 1876 spricht Siemens von einer „Masse Abhaltungen, namentlich eine mehrtägige Vorstandssitzung des Patentschutzvereins[5])". Im August war er zu seiner Erholung in Westerland, mußte aber bald umkehren, da die Enquete bevorstand. „Ich darf dabei nicht fehlen[6])." Dann sagt er am 28. August: „Da in dieser Woche Patentenquete, die morgen beginnt, Ingenieurverein und Generalversammlung des Patentschutzvereins zusammentreffen, so weiß ich wirklich kaum, was tun[7])!" In der Zeit vom 29. August bis 2. September war dann die Sachverständigenvernehmung[8]). 22 Sachverständige waren erschienen.

---

[1]) Siemensarchiv.

[2]) Bismarck, „Gedanken und Erinnerungen", Bd. III, 1919, S. 39. — Die Hervorhebung von Satzteilen durch gesperrten Druck ist hier, wie auch an einigen anderen in dieser Arbeit angeführten Stellen, im Urtext nicht angewendet.

[3]) Abgedruckt mit dem falschen Datum 5. Juli 1875 in „Auswahl von Briefen", S. 476.

[4]) Auch in den „Lebenserinnerungen" schreibt er gerade dieser Eingabe einen großen Einfluß zu: „Ich vermute, daß eine Eingabe, die ich als Vorsitzender des Patentschutzvereins an den Reichskanzler richtete, bei der Entscheidung für den Erlaß eines Reichspatentgesetzes wesentlich mitgewirkt hat." „Lebenserinnerungen", l. c. S. 261.

[5]) An seinen Bruder Karl (Siemensarchiv).

[6]) Schreiben an Wilhelm, 7. August 1876 (Siemensarchiv).

[7]) Schreiben an Becker (Siemensarchiv).

[8]) „Verlauf und Ergebnis der Beratungen der behufs einer gesetzlichen Regelung des Patentwesens seitens des Reichskanzleramtes zusammengetretenen Sachverständigenkommission", abgedruckt in „Archiv für deutsches Handels- und Wechselrecht", Bd. 35, 1877.

21 Fragen sollten beantwortet werden. Die Hauptfrage: die Notwendigkeit des Erfindungsschutzes, wurde mit Ausnahme einer einzigen Stimme von allen bejaht.

Siemens hat bei diesen Verhandlungen wiederholt Gelegenheit genommen, die von ihm in der Denkschrift und in den „Positiven Vorschlägen" niedergelegten allgemeinen Gesichtspunkte für die Notwendigkeit eines Patentgesetzes noch weiter auszuführen. Außerdem sprach er besonders eindringlich für den vom Patentschutzverein vorgeschlagenen Lizenzzwang, der nach 5 Jahren einzutreten hätte. Der Lizenzzwang sei ein „Eingriff in das Recht des Erfinders, aber ein so notwendiger, daß er nicht umgangen werden könne[1])". Einer vollständigen Monopolisierung müsse auf alle Fälle vorgebeugt werden, zumal im Hinblick auf die zu erwartende Teilnahme der Ausländer am deutschen Patentwesen. Unrichtig sei die Behauptung, daß der Lizenzzwang den armen Erfinder schädige; umgekehrt werde durch denselben vielmehr der Übermacht des Kapitals entgegengewirkt[2]). Nehme man vom Lizenzzwang Abstand, so müsse auf alle Fälle die Einfuhr patentierter Artikel verboten werden. Das sei aber eine sehr einschneidende und lästige Maßnahme[3]). Auch über die Lizenzbemessung sprach er wiederholt[4]).

Er verteidigte ferner das Aufgebotsverfahren[5]). Über die Patentdauer meinte er, daß 15 Jahre keinesfalls überschritten werden dürfen. Für die meisten kleineren Erfindungen sei schon ein viel kürzerer Zeitraum zu lang. Für große Erfindungen seien 15 Jahre ausreichend, aber auch erforderlich. Nur in ganz seltenen Fällen bedürfe eine Erfindung mit Rücksicht auf ihre Entwicklung längerer Zeit. Aber solche Ausnahmen könne die Gesetzgebung nicht berücksichtigen[6]). Er verlangte auch, die Patentdauer solle nicht von dem Ablauf ausländischer Patente abhängig sein[7]).

Für Vorveröffentlichungen, die der Erteilung des Patentes entgegenstehen sollen, schlägt er eine Verjährungsfrist vor, z. B. 20 oder 50 Jahre. Sicherlich habe die Allgemeinheit auch dann einen Vorteil, wenn eine alte Erfindung, die niemals zur Ausführung gelangt ist, wirklich in das praktische Leben gerufen werde[8]). — Weiterhin sprach er vom Patentgerichtshof. Streitfragen über Erfindungen und Patente seien so schwierig, daß jemand, der nicht Techniker sei, nur durch längere Beschäftigung ein Verständnis für sie gewinne. Der Gerichtshof müsse aus Richtern und Sachverständigen zusammengesetzt sein. Die Patentverletzungsprozesse allerdings könnten den Ordentlichen Gerichten überlassen bleiben[9]).

Es war eine gründliche und anstrengende Arbeit, die von den Sachverständigen geleistet wurde. Am letzten Tage waren alle Mitglieder der Kommission nebst verschiedenen Herren des Bundesrats und des Reichskanzleramts bei Siemens zu Gast[10]). Es waren schwere Tage für ihn, der gewohnt war, überall zu führen und außerdem in seinem Weltgeschäft der erste Arbeiter zu sein. Am 4. September schreibt er an seinen Bruder Wilhelm[11]): „In der letzten schweren Woche, in der ich gleichzeitig die Patentenquete, welche täglich 6 Stunden saß, ferner den Deutschen Ingenieur-

---

[1]) „Archiv für deutsches Handels- und Wechselrecht", l. c. S. 111.
[2]) Ebenda, S. 125. [3]) Ebenda, S. 151.
[4]) Ebenda, S. 112 und 124. [5]) Ebenda, S. 135f. und 142f.
[6]) Ebenda, S. 153. [7]) Ebenda, S. 153f.
[8]) Ebenda, S. 165 bis 167. [9]) Ebenda, S. 171.
[10]) Schreiben an Geh. Rat Bücker vom 2. September 1876 (Siemensarchiv).
[11]) Siemensarchiv.

verein und den Patentschutzverein auf dem Halse hatte neben dem laufenden Geschäfte, fand ich keine Zeit, Dir zu schreiben."

Es folgte nun eine Zeit der Erwartung und des Harrens. Am 31. Oktober schreibt er an Rosenthal, er möge sich bereithalten, falls jetzt Beratungen nötig werden. Über den Inhalt des Entwurfs, den nun die Regierung ausarbeite, sei „absolut nichts transpiriert . . .". „Die Parlamentarier haben mir eine freie Kommission zugesichert, in der wir zu Wort kommen können. Dann ist es Zeit, wieder zu handeln — bis dahin können wir auf der Bärenhaut liegen! Doch nein, wir müssen vorbereiten . . .[1])."

Schon am 21. November veröffentlichte die Regierung ihren Entwurf, der sich ziemlich eng an den des Patentschutzvereins anlehnte und die Ergebnisse der Enquete berücksichtigte[2]). Der Entwurf wurde überall in Deutschland eifrig besprochen. Der Vorstand des Patentschutzvereins nahm im Dezember Stellung dazu. Am 16. und 17. waren eingehende Beratungen[3]) und am 20. Dezember bereits ging eine von Siemens im Namen des Vorstandes unterschriebene Eingabe „an das Hohe Reichskanzleramt", die auch gedruckt verbreitet wurde. Sie behandelte: 1. „Notwendige Änderungen" und 2. „Wünschenswerte Änderungen[4])". Aus der Fülle des in diesem Gutachten Niedergelegten sei ein Punkt erwähnt. Das Gutachten verlangte, daß nur der Erfinder den Anspruch auf das Patent haben solle. Das war eine „moralische" Forderung. Damit war jedoch keineswegs gesagt, daß ein solcher moralischer Anspruch nunmehr die Richtschnur für die ganze Gestaltung des Gesetzes bilden solle. Es handelte sich vielmehr lediglich darum, im Rahmen des rein volkswirtschaftlichen Grundgedankens festzustellen, daß demjenigen kein Recht zustehen soll, der die Erfindung eines anderen sich wider dessen Willen angeeignet hat[5]). Es war ausdrücklich vorgesehen, daß das Recht auf Erwerbung eines Patentes abgetreten werden kann. Wenn zum Beispiel ein Angestellter im Auftrag eine Erfindung mache, so müsse dem Dienstherrn das Recht zustehen.

Das Gutachten trat auch erneut dafür ein, daß Mitglieder des Patentamtes keine Patente nehmen dürften, weil sonst das Vertrauen untergraben werde.

Bereits Anfang 1877 legte die Regierung einen neuen, revidierten Entwurf vor, der vom Bundesrat genehmigt und am 24. Februar dem Reichstag überwiesen wurde. Am 2. März 1877 wurde der Entwurf im Reichstag beraten und einer Kommission von 21 Mitgliedern überwiesen. Diese Kommission berichtete am 22. April 1877 über das Ergebnis ihrer Beratungen[6]). Der Kommissionsbericht empfahl noch eine Reihe von Änderungen. Unter anderem wurde der Lizenzzwang auf die Fälle beschränkt, in denen das öffentliche Interesse die Ausübung des Patents durch andere verlangt. — Die Kommission schlug vor, die Überschüsse des Patentamtes für die

---

[1]) Siemensarchiv.

[2]) Abgedruckt im Reichsanzeiger; ferner in einer mit Unterstützung von Siemens zustandegekommenen Schrift „Beiträge zur Patentfrage" 1877 (Verlag Kortkampf). — In einem Rundschreiben an die Bundesregierung hatte das Reichskanzleramt den Entwurf näher begründet. Hinsichtlich des Lizenzzwanges war darin gesagt, man habe zu weit gehende Regelung vermieden, weil sonst die Klarheit und Durchführbarkeit des Gesetzes darunter leiden könnte („Beitr. z Patfr." l. c. S. 21).

[3]) Brief an Karl Siemens vom 16. Dezember 1876 (Siemensarchiv): „Jetzt kommt der Patentschutzverein, der heute und morgen wohl den ganzen Tag Vorstandssitzung bei mir hat."

[4]) S. 2 ff. bzw. 11 ff. der Druckschrift. — Die Eingabe ist auch wiedergegeben in „Beiträge zur Patentfrage" l. c. S. 24 ff.

[5]) S. 4 der Druckschrift.

[6]) Bericht der 7. Kommission des Reichstages, Nr. 8 der Drucksachen.

Gründung eines Deutschen Museums nutzbar zu machen, das der Darstellung neuer Erfindungen dienen sollte. Das geschah infolge einer besonderen Anregung von Siemens, der am 6. April 1877 den Reichstagsabgeordneten von Unruh gebeten hatte, in der Kommission die „Begründung einer Erfindungs- oder Fortschrittshalle“ anzuregen[1]).

Das Gesetz wurde mit großer Mehrheit beschlossen, am 9. Mai vom Bundesrat genehmigt, und am 25. Mai im Reichsgesetzblatt veröffentlicht. Es trat am 1. Juli 1877 in Kraft.

Am 28. April schreibt Siemens an einen seiner Brüder in London[2]): „Die Sache hat mir in der letzten Zeit viel Mühe und Arbeit gemacht, aber ich denke, die Arbeit hat gelohnt. Es ist im allgemeinen nach meinen alten Anträgen und wird vielfach Charta Siemens genannt.“

Rosenthal widmete sein Buch „Das Deutsche Patentgesetz“: „Dem Vorkämpfer für ein Deutsches Patentgesetz, Herrn Dr. Werner Siemens . . . in Freundschaft und Verehrung[3])“.

Klostermann schrieb ihm am 10. Juli 1877: „Mir werden die Jahre unserer gemeinsamen Tätigkeit stets eine wertvolle Erinnerung bleiben, zumal da dieselbe unter Ihrer siegreichen Führung von einem Erfolge gekrönt worden ist, den in Deutschland Privatvereine noch nicht erreicht haben[4]).“

Am 2. Juli 1877 sprach Siemens über das Ergebnis im „Verein zur Beförderung des Gewerbefleißes“. Er wies auf die großen Schwierigkeiten einer befriedigenden Prüfung der Erfindungen hin. „Ich kann nicht unterlassen, mein Bedauern auszusprechen, daß der Ausweg nicht eingeschlagen worden ist, welcher beim ersten Entwurf der Regierung gefunden war, nämlich eine konsultative Vorprüfung . . .[5]).“ Diese hätte der Industrie größere Sicherheit gegeben und der Kommission größere Freiheit. Jetzt müsse im Zweifelsfall das Amt liberal sein, um nicht abzuschrecken. Die Patentkommission müsse sich als Beschützer des Fortschrittes fühlen. Die Aufgabe der Kommissionsmitglieder sei „außerordentlich schwierig“. Er hoffe, daß es durch das Patentgesetz dahin kommen werde, daß jeder sage: „Das ist deutsches Produkt, und also das Beste[6]).“

Als ihm Gensel eine von ihm verfaßte Schrift[7]) über das Patentwesen übersandte, schrieb Siemens an Gensel: „Ihre klare Schrift wird beitragen, das deutsche Publikum zu veranlassen, auch künftig bei wichtigen Fragen des sozialen Lebens das Heil nicht geduldig von oben zu erwarten, sondern selbsttätig Hand anzulegen, um der Gesetzgebung von unten den Weg zu ebnen und vorzuzeichnen, den sie zu wandeln hat[8]).“

---

[1]) Siemensarchiv. — Der Gedanke des Deutschen Museums kam erst später zur Ausführung.

[2]) „Auswahl von Briefen“, l. c. S. 521.

[3]) Rosenthal, „Das Deutsche Patentgesetz“, Erlangen 1881.

[4]) Siemensarchiv. — Auf Anregung von Siemens überreichte der Patentschutzverein etwa ein Jahr später den beiden juristischen Haupthelfern, Klostermann und André, je ein Ehrengeschenk von 6000 Mk. Rosenthal, der begütert war, hatte gebeten, für seine Person von dem Geschenk Abstand zu nehmen. Der Patentschutzverein schlief vorläufig ein.

[5]) „Sitzungsbericht des Vereins zur Bef. des Gew.-Fl.“, 1877, S. 126. Im Bericht steht „fakultative Vorprüfung“, was wohl nicht gemeint war.

[6]) l. c. S. 127.

[7]) Wahrscheinlich ein Sonderabdruck des Genselschen Aufsatzes im „Jahrbuch für Gesetzgebung, Verwaltung und Volkswirtschaft im Deutschen Reich“ 1877, Heft 3.

[8]) Siemensarchiv.

VII. Regierungsbeamter — Internationale Fragen — Patentreform.

Am 2. Juli 1877 hielt der Ministerialdirektor Dr. Jacobi, der erste Patentamtspräsident, einen Vortrag im Verein zur Beförderung des Gewerbefleißes, worin er über das deutsche Patentgesetz und sein Zustandekommen berichtete. Darin sagte er: „Hier ließ der Patentschutzverein keine Ruhe mehr. Dr. Siemens an der Spitze, umgeben von tatkräftigen Mithelfern; der Haß gegen das unnatürliche bestehende Recht kam ebenso scharf zum Ausdruck wie das Verlangen nach gesunder Reform. „Wer viel hassen kann, kann auch viel lieben", und so wünsche ich denn dem Dr. Siemens als süße Rache die Rolle eines ersten Liebhabers bei dem deutschen Patentamt[1])."

Das Wort sollte sich ganz anders erfüllen, als Siemens selbst es sich gedacht hatte. — Als man ihm einst selbstsüchtige Beweggründe für seine Arbeit am Patentgesetz unterschob, schrieb er: „Ich habe seit mehr wie 20 Jahren in Preußen nie ein Patent nachgesucht und werde für mich auch von einem etwaigen Reichspatentgesetz keinen Gebrauch machen[2])." Darin nun hatte er sich gründlich geirrt, wie wir sogleich sehen werden.

Am 5. Juli 1877 berief das Reichskanzleramt Werner Siemens als nichtständiges Mitglied in das Patentamt. Er hielt es mit der Stellung eines Mitglieds des Patentamts für unvereinbar, Patente zu nehmen (vgl. S. 45 und 63). Das war ihm zwar aus dem Gesetzentwurf herausgestrichen worden, entsprach aber gleichwohl seiner Überzeugung. Da er aber ebenso fest überzeugt war, auch künftig ohne deutsche Patente durchzukommen, nahm er die Berufung an, um seine reiche Erfahrung auf technischem und patentrechtlichem Gebiet der Allgemeinheit nutzbar zu machen[3]).

Bald darauf aber kam aus Amerika die Kunde von den wunderbaren Leistungen des damals von Bell erfundenen Telephons. Diese Erfindung konnte die Welt erobern und es galt, sich einen Platz an der Sonne zu sichern. In den Siemensschen Werkstätten wurde fiebernd gearbeitet und Neues gefunden. Am 30. Oktober 1877 schreibt Siemens an seinen Bruder Karl[4]): „Wir sind hier jetzt in großem Telephontrubel! . . . Stephan[5]) ist ganz wild und seine Beamten auch. Wir arbeiten gleich tüchtig darauf los, da alle Welt welche haben will! Ich habe auch schon Verbesserungen in Arbeit, von denen ich mir viel verspreche. Es beginnt damit eine neue Ära für unterirdische Leitungen . . . Stephan hat vor, jedem Berliner Bürger womöglich ein Telephon zu jedem anderen zur Disposition zu stellen!"

Es zeigte sich aber, daß der beginnende Riesenwettkampf nicht mehr ohne Patente ausgetragen werden konnte. Am 6. November 1877 schon schreibt er: „. . . Werde wohl nächstens ein Telephonpatent beantragen. Wir sind mitten in den Versuchen und ich glaube, wir werden Bell bald sehr übertreffen." Dann am 10. November[6]): „Arger Trubel im Geschäft, der durch den Telephontrubel noch sehr gesteigert ist . . ." — Am 15. November[7]): „Ich bin eifrig beschäftigt, das Tele-

[1]) Sitzungsbericht des Vereins zur Beförderung des Gewerbefleißes 1877, S. 122; auch abgedruckt in „Das Patentgesetz vom 25. Mai 1877, dargestellt von einem höheren Regierungsbeamten", Berlin 1877.

[2]) 14. März 1875 an die Redaktion der „Nationalzeitung" (Siemensarchiv), vgl. oben S. 14.

[3]) Er wurde dadurch Reichsbeamter und erhielt als solcher den Titel „Geheimer Regierungsrat" („Lebenserinnerungen", l. c. S. 279).

[4]) „Auswahl von Briefen", l. c. S. 535. [5]) Der Generalpostmeister.

[6]) An Karl Siemens, l. c. S. 536. [7]) An Exzellenz von Lüders l. c. S. 539.

phon zu verbessern ... Hier herrscht jetzt vollständiges Telephonfieber." Am 17. November schreibt er über Verhandlungen mit Bell[1]). Am 19. November[2]): „Der Telephonschwindel ist jetzt in Deutschland in voller Blüte, und ich kann sagen, ich werde die Geister, die wir berufen haben, nicht mehr los! ... Es ist eine wahre Kalamität! ... Einen solchen Sturm hatte ich nicht vorausgesehen." Am 26. November[3]): „... Unser hiesiges Geschäft droht uns ganz über den Kopf zu wachsen! Die Telephone machen jetzt alles verdreht."

Das war die fast verzweifelte Stimmung, aus der heraus sein Entschluß geboren wurde, seine Stellung als Mitglied des Patentamtes aufzugeben. Am 27. November reichte er sein Gesuch ein[4]). Er gab zwei Gründe an: einesteils die Überlastung mit anderen Arbeiten und zweitens — und vor allen Dingen — es sei nicht mehr länger durchführbar, daß er selbst oder seine Firma sich der Anmeldung von Patenten enthalte. Wenn er aber anmelde, müsse er befürchten, in eine falsche Position zu kommen.

Seinem Gesuch wurde jedoch nicht stattgegeben[5]) und so reichte er denn am 12. Dezember 1877 seine erste und für dieses Jahr einzige deutsche Patentanmeldung ein. Es handelte sich um „Telephone und Rufapparate mit magnetischer Gleichgewichtslage der schwingenden Teile".

Der ersten Anmeldung folgten bald weitere, aber in den ersten Jahren war er doch ziemlich zurückhaltend[6]). Heute hat das Patentwesen in den von Siemens begründeten Betrieben einen Umfang und eine Bedeutung, die er sicherlich nicht geahnt hat. — Bis zu seinem Todestag (6. Dezember 1892), also in etwa 15 Jahren, waren von den Firmen Siemens & Halske und Gebr. Siemens & Co. zusammen noch nicht 300 Patentanmeldungen in Deutschland eingereicht worden. Bis Anfang 1922 waren es für die Siemensfirmen bereits über 11 000; dazu kommen noch mehr als 9000 deutsche Gebrauchsmuster. Seit Jahrzehnten sind die Siemensfirmen stärker am Patentwesen beteiligt als irgendein Unternehmen der ganzen Welt. Die Erfahrung hat gezeigt, daß auch für die Großindustrie der Patentschutz unmittelbar bedeutenden Wert hat, und es ist als sicher anzunehmen, daß die Entwicklung der Siemensfirmen ganz anders verlaufen wäre, wenn nicht der Patentschutz und eine gesunde Patentpolitik einen sicheren Rückhalt gegeben hätte.

Als das fünfte Jahr seiner Mitgliedschaft zu Ende ging, lehnte Siemens eine Wiederberufung ins Patentamt ab mit Rücksicht auf die Ausdehnung seines Ge-

[1]) l. c. S. 539. [2]) An Wilhelm Siemens, l. c. S. 543. [3]) An Karl Siemens, l. c. S. 544f.

[4]) Siemensarchiv.

[5]) Im Siemensarchiv ist eine Antwort auf das Gesuch nicht auffindbar. Es ist anzunehmen, daß der Präsident des Patentamtes ihm schriftlich oder mündlich darüber volle Gewißheit gegeben hat, daß man keinerlei Bedenken habe, wenn seine Firma deutsche Patente nimmt. Das Gesetz legte ihm kein Hindernis in den Weg; die Regierung war sich bei seiner Anstellung darüber klar, daß er als Industrieller und Erfinder keinesfalls vom Patentwesen ausgeschlossen werden dürfe, und die Art seiner Stellung war von vornherein dieser Notwendigkeit angepaßt worden: er hatte mit der Behandlung von Patentanmeldungen gar nichts zu tun, sondern war nur als nichtständiges Mitglied der Nichtigkeitsabteilung von Zeit zu Zeit tätig. — Deshalb gab man ihn nicht frei. Daß er trotzdem seelisch darunter gelitten hat, findet sich gelegentlich in seinem Briefwechsel angedeutet.

[6]) Von anderen Seiten wurde von Anfang an lebhaft angemeldet. Schon im ersten halben Jahr hatte Deutschland an Zahl der Patentanmeldungen sowohl England als Frankreich überflügelt. Es waren in 6 Monaten 3212 Anmeldungen im Patentamt eingegangen; ungefähr ebensoviel, als in den vorausgegangenen 75 Jahren in Preußen Patente erteilt worden sind. Die Mitglieder des neuen Amtes, das sich erst den Verhältnissen anpassen mußte, waren überbürdet. Vgl. Jacobi „Berichtüber die Tätigkeit des Kais. Patentamts für das erste Halbjahr vom 1. Juli bis 31. Dezember 1877" 1878, S. 26.

schäftsbetriebes und auf sein Alter. Dazu sagte er: „Das große Interesse, welches ich stets dem Patentwesen zugewandt habe, wird aber fortdauern, wenn ich auch nicht mehr Mitglied des Patentamtes bin, und stelle ich mich demselben gern für besondere Arbeiten auch später zur Verfügung, soweit dies zulässig erscheint[1])." Am 30. Juni 1882 schied er endgültig aus und erhielt ein Dankschreiben vom Vorsitzenden des Patentamtes, worin dieser u. a. die Hoffnung ausspricht, „daß Ew. Hochwohlgeboren auch nach Lösung dieses äußeren Bandes dem von Ihnen mitgeschaffenen und gepflegten Werke Ihr Interesse bewahren werde[2])".

Zu weiterer Mitarbeit ergab sich ihm mehrfach Gelegenheit.

Eine Gruppe von Fragen, mit denen er sich noch eingehend befaßte, war die der internationalen Patentgesetzgebung. Schon in seiner Denkschrift aus 1863 hatte er auf die Bedeutung einer internationalen Regelung des Patentwesens hingewiesen und hatte auch auf dem Wiener Kongreß 1873 dafür Stellung genommen[3]). In den Jahren 1874 bis 1876 hatte man ihn wiederholt gefragt, wie er sich zu einem neuen Internationalen Patentkongreß stelle. Er hatte damals immer erwidert, daß er es für das Wichtigste halte, zuerst einmal die Patentgesetzgebung in Deutschland selbst ins Reine zu bringen[4]). 1878 kam ein Kongreß in Paris zustande. Die internationale Vereinheitlichung der Gesetzgebung sollte besprochen werden. Die deutsche Regierung hatte die Teilnahme abgelehnt. Auch Siemens war zunächst mißtrauisch gegen solche internationale Abmachungen. Er befürchtete, daß dadurch die in so schweren Kämpfen errungenen Grundlagen der deutschen Gesetzgebung erschüttert werden könnten, zumal Deutschland nun allen anderen Staaten weit voraus war und man nicht annehmen durfte, daß man anderswo das deutsche System jetzt schon annehmen werde[5]). Auf dem Kongreß sah man auch bald ein, daß eine weitgehende Vereinheitlichung noch nicht möglich sei. Hauptpunkt blieb schließlich die Frage der Schaffung eines internationalen Prioritätsrechts. Auch hierzu hat Siemens Mitte 1879 einmal Stellung genommen. Er hatte Bedenken wegen der Unsicherheit, die durch eine irgendwo in der Welt hinterlegte Anmeldung später für den Deutschen entstehen müsse[6]). Im November 1880 war von der französischen Regierung eine neue internationale Konferenz einberufen. Kurz zuvor hatte Siemens ein Gespräch darüber mit dem Vorsitzenden des internationalen Patentkongresses[7]). Dieser hatte die Bedenken zu zerstreuen gesucht, aber anscheinend ohne Erfolg. Deutschland nahm auch diesmal nicht teil.

Am 15. Februar 1881 schreibt Siemens an André[8]), man könne an eine internationale Gesetzgebung erst denken, wenn der Grundgedanke in allen Ländern derselbe sei. „Dieser Grundgedanke ist bei uns die möglichst schnelle und vollständige Publikation der Erfindungen als Äquivalent für den erteilten Schutz." Solche Publikationen finden bisher nur in England, Amerika und Deutschland statt; das müsse sich zunächst ändern[9]). Auch am 15. Oktober 1881 äußerte er sich einmal, daß zur

---

[1]) Siemensarchiv. [2]) Siemensarchiv. [3]) S. 29, insbesondere Fußnote [3]). [4]) Vgl. S. 48.

[5]) Inzwischen haben mehrere Staaten die deutsche Gesetzgebung zum Vorbild genommen.

[6]) Schreiben vom 25. Juli 1879 an André (Siemensarchiv).

[7]) Er berichtet darüber am 29. Oktober 1880 an den Präsidenten des Patentamts (Siemensarchiv).

[8]) Siemensarchiv.

[9]) Heute geben u. a. auch Österreich, Ungarn, Schweiz, Frankreich, Dänemark, Schweden, Norwegen gedruckte Patentschriften aus.

Zeit und in der bis dahin vorliegenden Form ein Beitritt Deutschlands zu der beabsichtigten Pariser Konvention untunlich sei[1]).

Anfang 1883 waren nun die internationalen Verhandlungen so weit gediehen, daß wenigstens über einige besonders wichtige Punkte ziemlich weitgehende Übereinstimmung erzielt war und ein internationaler Vertrag darüber gesichert schien. Die deutsche Regierung wurde zum Beitritt eingeladen.

Am 12. Februar 1883 sandte der Präsident des Patentamts den Vertragsentwurf der internationalen Union an Siemens mit der Einladung zu einer Besprechung am 20. Februar[2]). Auf Veranlassung des Reichskanzlers sollte die Meinung angesehener Interessenten darüber gehört werden, ob der Anschluß an die Union vorteilhaft oder nachteilig sei; ob etwa bedenkliche Punkte in dem Vertrag enthalten seien; welche Abänderungen etwa vorgeschlagen werden könnten, und welche Zusätze etwa noch erwünscht wären. Aus Siemensschen Randbemerkungen ist ersichtlich, daß er den Beitritt zur Union auf alle Fälle für notwendig erachtete, daß er aber gegen zu lange Prioritätsfristen Bedenken hatte. Insbesondere wünschte er als Äquivalent für die Prioritätsgewährung die sofortige Publikation der die Priorität begründenden Anmeldung. Er schlug ferner vor, allen Unionstaaten die Druckveröffentlichung der Patentschriften zur Pflicht zu machen. Weiterhin wünschte er, wenn möglich dem Internationalen Burau der Union eine gewisse Rechtsprechungsbefugnis zu erteilen.

Der Internationale Vertrag trat 1883 in Kraft. Er wurde in Frankreich selbst sehr scharf angegriffen. Deutschland ist erst zwanzig Jahre später beigetreten, nachdem gewisse Änderungen vorgenommen waren. Von den zum Teil sehr berechtigten Siemensschen Wünschen ist mancher bis heute noch nicht erfüllt.

Noch ein anderer Anlaß rief Siemens von neuem auf den Plan. Bald nach dem Inkrafttreten des Patentgesetzes waren Wünsche laut geworden, das Gesetz in einigen Punkten zu ändern. Schon am 25. März 1881 erwähnt Siemens in einem Schreiben an Klostermann die geplante Revision[3]). Am 10. Juni 1883 kam es auf Veranlassung des Vereins deutscher Ingenieure zu einer Aussprache hierüber in einem vom Verein berufenen Ausschuß. Auch Siemens war dabei.

Besonders bemerkenswert waren hierbei seine Ausführungen über die Bedeutung der Patentansprüche als Grundlage für alle Rechte aus dem Patent. Diese Bedeutung sei jetzt im Patentamt allgemein anerkannt. „Solange ich darin war, habe ich immer mit allem Eifer dahin gestrebt, daß dies geschehen möchte, trotzdem es nicht im Gesetz enthalten ist.“ Für ihn ergab es sich ohne weiteres aus der im volkswirtschaftlichen Interesse zu fordernden Klarheit und Sicherheit des Rechts.

Seinen volkswirtschaftlichen Standpunkt brachte er ebenfalls nochmals scharf zum Ausdruck[4]).

Ferner wandte er sich scharf gegen alle Eingriffe des Patentgesetzes ins Privatleben: „Es muß vermieden werden, daß einem auf der Straße nicht der Hut vom Kopf genommen werden kann, weil es ein patentierter Hut ist.“ Auch dies ergab

---

[1]) Schreiben an Ruppert (Siemensarchiv).

[2]) Siemensarchiv. — Vgl. auch Brief an Wilhelm vom 19. Februar 1883 („Auswahl von Briefen“ l. c. S. 768).

[3]) Siemensarchiv. [4]) Vgl. S. 24.

sich ohne weiteres aus seinem volkswirtschaftlichen Grundgedanken. — Ferner trat er für rasche Rechtsprechung in Patentsachen ein[1]).

Die Reformbewegung führte dann im Jahre 1886 zu einer neuen Sachverständigenberatung der Regierung[2]). An dieser war wiederum Siemens in hervorragendem Maße beteiligt. Schon am 31. August 1886 wurde er vom Staatssekretär des Innern in den aus sieben Mitgliedern bestehenden Ausschuß zur Vorbereitung der neuen Sachverständigenvernehmung berufen. Am 11. September war die erste Sitzung dieses vorbereitenden Ausschusses, unter dessen Leitung dann vom 22. bis 27. November 1886 die Sachverständigenvernehmung über 22 Fragen statt fand. Als die stenographischen Berichte gedruckt waren, trat der führende Ausschuß am 18. Januar 1887 von neuem zusammen und erstattete am 9. März 1887 seinen Bericht[3]).

Die Fragen bezogen sich auf die Definition der Erfindung; die zeitliche Beschränkung der patenthindernden Veröffentlichungen; die patenthindernde Wirkung von ausländischen Patentschriften; Einzelheiten des Prüfungsverfahrens; Ausdehnung des Verfahrenschutzes auf die danach hergestellten Produkte; Voraussetzungen des Vorbenutzungsrechtes; Aussetzung der Bekanntmachung der Anmeldung; Höhe der Patentgebühren und besondere, mit der Zahlung der Gebühren zusammenhängende Fragen; Strafbarkeit der fahrlässigen Patentverletzung u. a. Die 22. Frage war allgemein gestellt: „Haben andere Bestimmungen des Gesetzes erhebliche Übelstände zur Folge gehabt?"

Siemens hat bei den Beratungen über diese Fragen wiederum mehrfach Anlaß gehabt, daran zu erinnern, daß der allgemeine Fortschritt der Industrie in allen Fragen maßgebend sein müsse, auch wenn der einzelne Industrielle darunter leide. Er leitete daraus insbesondere Forderungen hinsichtlich der Klarheit und Rechtssicherheit her und verlangte jede Erleichterung für die Anmeldung von Patenten, dafür aber andererseits Maßnahmen für ein baldiges Verschwinden unverwertbarer Patente (vor allem steigende Jahresgebühren).

Es dauerte noch eine Reihe von Jahren, bis es dann zu einem neuen, dem heute noch bestehenden Patentgesetz kam. Dieses neue Gesetz wies zwar gegenüber dem alten eine Reihe von Änderungen auf, der Grundgedanke der ganzen deutschen Patentgesetzgebung aber war ungeändert geblieben.

---

[1]) Über diese Verhandlungen liegt ein autographisch vervielfältigter „Stenographischer Bericht" vor, in dem übrigens versehentlich das Datum der Sitzung falsch angegeben ist (1882 statt 1883). Das richtige Datum ergibt sich u. a. aus einem Siemensschen Schreiben an den Vorsitzenden des Ausschusses vom 31. Mai 1883 (Siemensarchiv). Ein Exemplar des Berichtes besitzt die Bücherei des Reichspatentamts.

[2]) Auf Antrag des Reichskanzlers beim Bundesrat vom 25. Juni 1886.

[3]) „Bericht der Enquetekommission zur Revision des Patentgesetzes", Berlin 1887. Die vollständigen „Stenographischen Berichte" waren zunächst nur für den Gebrauch der Regierung bestimmt, erschienen dann aber ebenfalls im Buchhandel (1887).

GPSR Compliance

The European Union's (EU) General Product Safety Regulation (GPSR) is a set of rules that requires consumer products to be safe and our obligations to ensure this.

If you have any concerns about our products, you can contact us on ProductSafety@springernature.com

In case Publisher is established outside the EU, the EU authorized representative is:

Springer Nature Customer Service Center GmbH
Europaplatz 3
69115 Heidelberg, Germany

Batch number: 10866273

Printed by Printforce, the Netherlands